全 世 界 无 产 者 ， 联 合 起 来 ！

列　宁

# 什么是"人民之友"以及他们如何攻击社会民主党人？

中共中央　马克思　恩格斯　　著作编译局编译
　　　　　列　宁　斯大林

人民出版社

# 编　辑　说　明

　　马克思、恩格斯和列宁的著作是马克思主义的理论原典,是学习、研究、宣传和普及马克思主义的基础文献。为了适应马克思主义中国化、时代化、大众化不断推进的形势,满足广大读者多层次的需求,我们总结了迄今为止的编译经验,考察了国内外出版的有关读物,吸收了理论界提出的宝贵建议,精选马克思、恩格斯和列宁的重要著述,编成《马列主义经典作家文库》。

　　文库辑录的文献分为三个系列:一是著作单行本,收录经典作家撰写的独立成书的重要著作;二是专题选编本,收录经典作家集中论述有关问题的短篇著作和论著节选;三是要论摘编本,辑录经典作家对有关专题的论述,按逻辑结构进行编排。

　　文库编辑工作遵循面向实践、贴近群众的原则,力求在时代特色、学术质量、编排设计方面体现新的水准。

　　本系列是《马列主义经典作家文库》的著作单行本,主要收录马克思、恩格斯和列宁的基本著作以及在各个历史时期的代表性著作,同时收入马克思、恩格斯和列宁在不同时期为这些著作撰写的序言、导言或跋。有些重点著作还增设附录,收入对理解和研究经典著作正文有重要参考价值的文献和史料。列入著作单行本系列的文献一般都是全文刊行,只有马克思恩格斯的《德意志意识形态》、马克思的经济学手稿以及列宁的《哲学笔记》等篇幅较大的著作采用节选形式。

著作单行本系列所收的文献均采用马克思、恩格斯和列宁著作最新版本的译文,以确保经典著作译文的统一性和准确性。自1995年起,由我局编译的《马克思恩格斯全集》第二版陆续问世,迄今已出版24卷;从2004年起,我们又先后编译并出版了《马克思恩格斯文集》和《马克思恩格斯选集》第三版。著作单行本系列收录的马克思恩格斯著作采用了上述最新版本的译文,对未收入上述版本的马克思恩格斯著作的译文,我们按照最新版本的编译标准进行了审核和修订;列宁著作则采用由我局编译的《列宁全集》第二版、第二版增订版和《列宁选集》第三版修订版译文。

著作单行本系列采用统一的编辑体例。每本书正文前面均刊有《编者引言》,简要地综述相关著作的时代背景、理论观点和历史地位,帮助读者理解原著、把握要义;同时概括地介绍相关著作写作和流传情况以及中文译本的编译出版情况,供读者参考。正文后面均附有注释和人名索引,以便于读者查考和检索。

著作单行本系列的技术规格沿用《马克思恩格斯全集》第二版和《列宁全集》第二版的相关规定。在马克思、恩格斯、列宁著作的目录和正文中,凡标有星花 * 的标题都是编者加的;引文中的尖括号〈　〉内的文字和标点符号是马克思、恩格斯、列宁加的;未注明"编者注"的脚注,是马克思、恩格斯、列宁的原注;人名索引的条目按汉语拼音字母顺序排列。在马克思恩格斯著作中,引文里加圈点处是马克思、恩格斯加着重号的地方,目录和正文中方括号〔 〕内的文字是编者加的。在列宁著作中,凡注明"俄文版编者注"的脚注都是指《列宁全集》俄文第五版编者加的注,人名索引中的条头括号内用黑体字排印的是相关人物的真实姓名,未加黑体的则是笔名、别名、曾用名或绰号。此外,列宁著作标题下括号内的日期是编者加的;编者加的日期,公历和俄历并用时,俄历在前,公历在后。

中共中央 马克思 恩格斯 著作编译局
列 宁 斯大林

2014 年 6 月

# 目　录

什么是"人民之友"以及他们如何攻击社会民主党人?

## 插　图

# 编 者 引 言

　　《什么是"人民之友"以及他们如何攻击社会民主党人？（答〈俄国财富〉杂志反对马克思主义者的几篇文章)》是列宁批驳俄国自由主义民粹派观点、捍卫马克思主义科学世界观的重要著作。

　　19世纪80年代末，列宁开始从事革命活动。当时资本主义在俄国已经快速发展，但农奴制残余依然大量存在，广大农民身受资本主义和农奴制残余的双重剥削。随着大工业的发展，工人阶级登上历史舞台。工人与资本家的阶级对抗日趋激烈，工人维护自己经济利益的斗争日益高涨。但这时的工人运动基本上是自发的，还缺乏严密的组织，缺乏科学社会主义理论的指导；马克思主义虽然已经传入俄国，但只在分散的秘密小组中传播，还没有同工人运动结合起来。而就在这一时期，马克思主义在俄国的传播又遭到自由主义民粹派的干扰。80年代至90年代，自由主义民粹派背弃了早期民粹派反对沙皇专制制度的革命精神，走上了与沙皇政府妥协的道路。他们利用合法刊物攻击马克思主义，挑起同马克思主义者的论战。1893年年底开始，自由主义民粹派的主要代表尼·康·米海洛夫斯基、谢·尼·尤沙柯夫和谢·尼·克里文柯等人在他们公开出版的《俄国财富》杂志上肆意攻击马克思主义和社会民主党人。以"人民之友"自居的自由主义民粹派，成了反对马克思主义和俄国无产阶级革命运动的人民之敌；他们散布的种种荒谬理论和错误策略，成了影响马克思主义与俄国工人运动相结合的主要思想障碍。回击自由主义民粹派对马克思主义的进攻，系统阐述马克思主义的科学世界观，是当时俄国马克思主义者面临的迫切任务。为此，列宁写了《什么是"人民之友"以及他们如何攻击社会民主党人？》这部著作，全书总共分为三编。

列宁在第一编中批判了米海洛夫斯基的唯心史观和社会学中的主观方法，深刻地阐释了历史唯物主义和唯物辩证法的基本原理。以米海洛夫斯基为代表的主观社会学家把他们臆想的所谓"一般社会"作为研究对象，把是否合乎抽象的"人的本性"作为判断社会现象的标准，认为"社会学的根本任务是阐明那些使人的本性的这种或那种需要得到满足的社会条件"（见本书第7页）。他从唯心主义立场和观点出发，把攻击的矛头直接指向马克思创立的唯物主义历史观，甚至妄言马克思在《资本论》中根本没有阐述唯物主义历史观。列宁驳斥了米海洛夫斯基的粗暴歪曲，指出：马克思在《资本论》中摒弃了主观社会学关于"一般社会"的抽象议论，而对现实的资本主义社会作了科学分析，"把经济的社会形态的发展理解为一种自然历史过程"（见本书第6页），这一科学结论"从根本上摧毁了这种以社会学自命的幼稚说教"（见本书第8页）。列宁进一步阐发了这一科学结论的历史唯物主义内涵，指出马克思得出这一科学结论所使用的方法，"就是从社会生活的各种领域中划分出经济领域,从一切社会关系中划分出**生产关系**,即决定其余一切关系的基本的原始的关系"(同上)。马克思"把社会关系分成物质的社会关系和思想的社会关系。思想的社会关系不过是物质的社会关系的上层建筑,而物质的社会关系是不以人的意志和意识为转移而形成的,是人维持生存的活动的(结果)形式。"(见本书第 21 页)列宁还强调,马克思的社会经济形态理论包含着一个极为重要的唯物主义观点,那就是:社会物质生产力是社会历史发展的决定性因素。他指出:"只有把社会关系归结于生产关系,把生产关系归结于生产力的水平,才能有可靠的根据把社会形态的发展看做自然历史过程。"(见本书第 11 页)列宁认为,马克思的社会经济形态理论揭示了社会发展的规律性,抓住了复杂的社会现象中的主要东西——生产关系,只要分析了生产关系,就可以发现"各国社会现象中的重复性和常规性"(见本书第 10 页),也就是各个国家历史发展的共同规律性。列宁对马克思的社会经济形态理论给予了高度评价。他说:"达尔文推翻了那种把动植物物种看做彼此毫无联系的、偶然的、'神造的'、不变的东西的观点,探明了物种的变异性和承续性,第一次把生物学放在完全科学的基础之上。同样,马克思也推翻了那种把社会看做可按长官意志(或者说按社会意志和政府意志,反正都一样)随便改变的、偶然产生和变化的、机械的个人结合体的观点,探明了作为一定生产关系总和的社会经济形态这个概念,探明了这种形态的发展是自然历史过程,从而第一次把社会学放在科学的基础之上。"(见本书第 12 页)

　　米海洛夫斯基歪曲和攻击历史发展的必然性思想,硬说历史发展的必然性使社会活动家成为"被动者",成为"被历史必然性的内在规律从神秘的暗窖里牵出来的傀儡"（见本书第 29 页）。列宁驳斥了这种歪曲和攻击，阐明了历史发展的必然性与个人在历史上的作用之间的辩证关系，指出："决定论思想确认人的行为的必然性，摒弃所谓意志自由的荒唐的神话，但丝毫不消灭人的理性、人的良心以及对人的行动的评价。恰巧相反，只有根据决定论的观点，才能作出严格正确的评价，而不致把什么都推到自由意志上去。同样，历史必然性的思想也丝毫不损害个人在历史上的作用：全部历史正是由那些无疑是活动家的个人的行动构成的。"（见本书第 30 页）列宁同时阐明了个人的社会活动取得成功的条件，指出：社会活动家必须认清社会制度的本质及其发展规律，俄国的经济制度决定了俄国社会已是资产阶级社会，摆脱这个社会只能有一条从资产阶级制度本质中必然产生的出路，那就是无产阶级反对资产阶级的斗争；以实现社会主义为目标的活动必须吸引广大劳动群众参加才能取得成功。

米海洛夫斯基还把马克思在《资本论》中使用的辩证方法曲解为套用黑格尔的"三段式"。列宁揭露说：这种说法是荒谬的，黑格尔的辩证法是唯心主义辩证法，黑格尔认为观念发展的三段式决定现实的发展，而马克思的辩证法是唯物主义辩证法，是揭示现实世界发展变化规律的科学方法。列宁指出："马克思和恩格斯称之为辩证方法（它与形而上学方法相反）的，不是别的，正是社会学中的科学方法，这个方法把社会看做处在不断发展中的活的机体（而不是机械地结合起来因而可以把各种社会要素随便配搭起来的一种什么东西），要研究这个机体，就必须客观地分析组成该社会形态的生产关系，研究该社会形态的活动规律和发展规律。"（见本书第 36 页）

在第二编中,列宁剖析了自由主义民粹派经济学家尤沙柯夫等人的经济理论。这一编至今没有找到。

在第三编中,列宁批判了自由主义民粹派的经济政策和政治纲领。19世纪90年代,自由主义民粹派已经无法否认俄国资本主义的存在,但他们认为,资本主义是"人为地"培植起来的,而"人民生产"即小农经济和手工业是"自然地产生的",是和资本主义对立的经济,农村劳动群众遭受剥削只不过是政策造成的"缺陷",因此,他们祈求政府采取措施"保护经济上的弱者",并把国家看成凌驾于一切阶级之上的实施"改革"的工具。列宁对这些谬论进行了有力的批驳,他指出,只要看看现实的农村和现实的农村经济,就"可以看到受市场调节的社会经济组织所具有的种种现象:可以看到那些曾经是平等的宗法式的直接生产者在分化为富人和穷人,可以看到**资本**特别是商业**资本**的产生,它给劳动者布下天罗地网,吸吮他们的全部脂膏"(见本书第103页)。"人民之友"只要公正而认真地研究这些情况,"就会看出资本主义分化的情况是如此明显,'人民制度'的神话就不攻自破了"(同上)。列宁用确凿的事实雄辩地证明,在俄国,资本主义是商品生产的必然结果,无论在农业还是手工业中,资本主义生产关系都已占优势,不过是处于较低的发展阶段,这种生产关系是劳动群众受奴役的根本原因。列宁揭露了自由主义民粹派纲领的反动实质:它抹杀农村中的阶级对抗,祈求政府采取温和的改良措施,企图以此引诱被剥削劳动群众放弃斗争,使半农奴制半自由的经济制度永恒化;"民粹主义已经堕落为最平庸的小资产阶级激进主义的理论,'人民之友'就是这种堕落的非常明显的例证。"(见本书第160页)

列宁在批判自由主义民粹派的同时,论证了社会民主党人的基本纲领和策略:"社会民主党人的政治活动是要协助俄国工人运动发展和组织起来,把工人运动从目前这种分散的、缺乏指导思想的抗议、'骚动'和罢工的状态,改造成**整个**俄国工人**阶级**的有组织的斗争,其目的在于推翻资产阶级制度,剥夺剥夺者,消灭以压迫劳动者为基础的社会制度。"(见本书第 166 页)列宁强调指出:俄国工人阶级是俄国全体被剥削劳动群众唯一的和天然的代表,是推翻沙皇专制制度和资本统治的整个解放运动的领导力量。

列宁坚信:只要社会民主党人领会了科学社会主义思想,领会了关于俄国工人的历史使命的思想,使这些思想得到广泛传播并在工人中间建立坚固的组织,把现时工人分散的经济斗争变成自觉的阶级斗争,"俄国**工人**就会起来率领一切民主分子去推翻专制制度,并引导**俄国无产阶级**(和**全世界**无产阶级并肩地)**循着公开政治斗争的大道走向胜利的共产主义革命**"(见本书第 168 页)。

在本书的附录部分,列宁还揭露了自由派和激进派对马克思主义的阉割和曲解,阐明了马克思主义的批判的和革命的本质,指出马克思主义理论对世界各国社会主义者所具有的不可遏止的吸引力,就在于它把严格的和高度的科学性同革命性结合起来。

《什么是"人民之友"以及他们如何攻击社会民主党人?》一书第一编于 1894 年 4 月完稿,第二、三编于当年夏天完稿。1892—1893 年列宁就开始为写作此书作准备,他当时曾在萨马拉一个马克思主义小组中作过一些报告,批评自由主义民粹派分子瓦·巴·沃龙佐夫、米海洛夫斯基、尤沙柯夫和克里文柯等人。这些报告是本书的准备材料。这部书于 1894 年在彼得堡、莫斯科、哥尔克等地分编胶印出版,在俄国其他一些城市也传抄和翻印过。在国外,劳动解放社和其他俄国社会民主党人组织也看到过这部著作。1923年初,在柏林社会民主党档案馆和列宁格勒国立萨尔蒂科夫-谢德林公共图书馆里差不多同时发现了这部书的第一、三编的胶印本。在《列宁全集》俄文第一、二、三版中,这部书就是根据1923年发现的胶印本刊印的。1936年发现了新的胶印本,上面有许多显然是列宁所作的文字修改。在《列宁全集》俄文第四、五版中,这部书根据新发现的胶印本刊印,还补上了前几版遗漏的列宁对附录一的统计表的说明。

在中国,《什么是"人民之友"以及他们如何攻击社会民主党人?》最早由李春蕃(即柯柏年)节译附录三的一部分,以《革命的马克思主义和它底曲解》为题发表于1939年6月出版的《马恩与马克思主义》。1940年,解放社出版、新华书店发行的《列宁选集》第2卷选录了这部书的第一编第一节和第三编部分内容,题目译作《什么是"人民之友"和他们怎样进行反对社会民主主义者的斗争?(答复〈俄罗斯财富〉杂志所载反对马克思主义者论文的文章)》,由王实味等翻译,杨松、艾思奇校对。同年,莫斯科外国文书籍出版局以《什么是"人民之友"以及他们如何反对社会民主派?(对〈俄国财富〉杂志那些反对马克思主义者论文的回答)》为书名出了单行本,这个译本按照《列宁全集》俄文第3版译成,因此不包括对附录一的统计表的说明。该出版局1950年出版的单行本《什么是"人民之友"以及他们如何攻击社会民主党人?(回答〈俄国财富〉杂志上反对马克思主义者的论文)》根据《列宁全集》俄文第4版译出,是第一个包含目前已发现的全部内容(第一、三编和三个附录)的单行本。新中国成立后,这部书由中央编译局多次译校,全文收入《列宁全集》中文第1版第1卷、第2版第1卷、第2版增订版第1卷和《列宁选集》第1版第1卷;节选收入

什么是"人民之友"以及他们如何攻击社会民主党人？

《列宁选集》第2版第1卷、第3版第1卷、第3版修订版第1卷和《列宁专题文集》中的《论辩证唯物主义和历史唯物主义》卷。

  本书采用《列宁全集》中文第2版增订版的译文。

列　宁

# 什么是"人民之友"以及他们如何攻击社会民主党人？

（答《俄国财富》杂志反对马克思主义者的几篇文章）

（1894 年春夏）

# 第 一 编

《俄国财富》杂志[1]对社会民主党人发动进攻了。这个杂志的头目之一尼·米海洛夫斯基先生,还在去年第 10 期上就宣布要对"我国所谓的马克思主义者或社会民主党人"进行一场"论战"。随后出现了谢·克里文柯先生的《论文化孤士》一文(第 12 期)和尼·米海洛夫斯基先生的《文学和生活》一文(1894 年《俄国财富》杂志第 1 期和第 2 期)。至于杂志本身对我国经济现实的看法,谢·尤沙柯夫先生在《俄国经济发展问题》一文(第 11 期和第 12 期)中已作了最充分的叙述。这些先生在他们的杂志上总是以真正"人民之友"的思想和策略的表达者自居,其实他们是社会民主党最凶恶的敌人。现在我们就把这些"人民之友",把他们对马克思主义的批判、他们的思想、他们的策略仔细考察一下。

尼·米海洛夫斯基先生最注意马克思主义的理论根据,因此专门对唯物主义历史观作了分析。在概略地叙述了阐明这个学说的大量马克思主义文献的内容以后,米海洛夫斯基先生就用这样一大段话开始了他的批判。

他说:"首先自然产生这样一个问题:马克思在哪一部著作中叙述了自己的唯物主义历史观呢? 他的《资本论》给我们提供了一个把逻辑力量同渊博学识、同对全部经济学文献和有关事实的细心研究结合起来的范例。他把那些早被遗忘或现在谁也不知道的经济学理论家搬出来，他对工厂视察员在各种报告中或专家在各种专门委员会上所陈述的证词中极其琐碎的细节也没有忽视；总之，他翻遍了数量惊人的实际材料，一部分用来论证，一部分用来说明他的经济理论。如果说他创立了'崭新的'历史过程观，用新的观点说明了人类的全部过去，总结了至今有过的一切历史哲学理论，那他当然会同样竭尽心力地做到这一点的，也就是说，他会真正重新审查并批判地分析一切关于历史过程的著名理论，研究世界历史的大量事实。同达尔文比较一下——在马克思主义文献中经常作这样的比较——就会更加确信这种看法。达尔文的全部著作是什么呢？就是把堆积如山的实际材料总结为几点概括性的、彼此紧相联系的思想。马克思的相称著作究竟在哪里呢？这样的著作是没有的。不仅马克思没有这样的著作，而且在全部马克思主义文献中也没有这样的著作，虽然这种文献数量很大，传播很广。"

这一大段话清楚地说明人们多么不理解《资本论》和马克思。他们被马克思论述中的巨大论证力量所折服，只得奉承他，称赞他，同时却完全忽视学说的基本内容，若无其事地继续弹着"主观社会学"的老调。由此不禁令人想起考茨基在他的一本论马克思经济学说的著作中所选用的一段很恰当的题词：

谁不称赞克洛普施托克的美名？

可是，会不会人人都读他的作品？不会。

但愿人们少恭维我们，

阅读我们的作品时多用心！①

---

① 见哥·埃·莱辛《致读者格言诗》。——编者注

1940 年延安解放社出版的《列宁选集》第 2 卷,该卷载有
《什么是"人民之友"以及他们如何攻击社会民主党人?》的节录

正是这样！米海洛夫斯基先生应当少称赞马克思，多用心阅读他的著作，或者最好是更认真思索自己所读的东西。

米海洛夫斯基先生说，"马克思的《资本论》给我们提供了一个把逻辑力量同渊博学识结合起来的范例"。一个马克思主义者指出：米海洛夫斯基先生的这句话，给我们提供了一个把光辉词句和空洞内容结合起来的范例。这个评语是十分公正的。马克思的这种逻辑力量究竟表现在什么地方呢？它产生了什么样的结果呢？读了米海洛夫斯基先生的上述那一大段话，会以为这全部力量不过是用于最狭义的"经济理论"而已。为了更加渲染马克思表现自己逻辑力量的范围是狭小的，米海洛夫斯基先生还着重指出"极其琐碎的细节"、"细心"、"谁也不知道的理论家"等等。这样一来，似乎马克思对于建立这些理论的方法，并没有提出任何值得一提的实质性的新东西，似乎他使经济学仍然停留在过去经济学家原有的范围以内，并没有将它扩大，并没有对这门科学本身提出"崭新的"见解。然而凡是读过《资本论》的人，都知道这完全不符合事实。由此不禁令人想起米海洛夫斯基先生 16 年前同一个庸俗的资产阶级先生尤·茹柯夫斯基进行论战时对马克思的评论[2]。那时，也许是时代不同，也许是感觉比较新鲜，不管怎样，米海洛夫斯基先生的那篇文章，无论在笔调上或内容上，都是完全不同的。

"'本书的最终目的就是揭示现代社会的发展规律①〈原文是 Das ökonomische Bewegungsgesetz——经济运动规律〉'，卡·马克思曾这样谈到他的《资本论》并严格地坚持了他的主旨"，——

---

①　参看《马克思恩格斯选集》第 3 版第 2 卷第 83 页。——编者注

1877年米海洛夫斯基先生就是这样评论的。我们更仔细地来考察一下这个批评家也承认是严格地坚持了的主旨吧。这个主旨就是"揭示现代社会的经济发展规律"。

这句话本身就使我们碰到几个需要加以说明的问题。既然马克思以前的所有经济学家都谈论一般社会，为什么马克思却说"现代（modern）"社会呢？他在什么意义上使用"现代"一词，按什么标志来特别划出这个现代社会呢？其次，社会的经济运动规律是什么意思呢？我们总是听见经济学家说：只有财富的生产才完全受经济规律支配，而分配则以政治为转移，以政权和知识界等等对社会的影响如何为转移——而这也就是《俄国财富》杂志所属的那个圈子里的政论家和经济学家们喜爱的思想之一。马克思谈到社会的经济运动规律，并把这个规律叫做 Naturgesetz——自然规律，这究竟是什么意思呢？我国如此众多的社会学家写了大堆大堆的著作，说社会现象领域根本不同于自然历史现象领域，因此，研究前者必须采用十分特别的"社会学中的主观方法"。既然如此，那对马克思的话又怎样理解呢？

发生这些疑问是自然的，必然的；当然，只有完全无知的人，才会在谈到《资本论》时回避这些疑问。为了弄清这些问题，我们且先从《资本论》的同一序言中再引一句话，这句话就在上述那句话的稍后几行。

马克思说："我的观点是把经济的社会形态的发展理解为一种自然历史过程。"①

只要把序言里引来的这两句话简单地对照一下，就可以看出

———————————

① 参看《马克思恩格斯选集》第3版第2卷第84页。——编者注

《资本论》的基本思想就在于此,而这个思想,正像我们听说的那样,是以罕见的逻辑力量严格地坚持了的。说到这里,我们首先要指出两个情况。马克思说的只是一个"社会经济形态",即资本主义社会经济形态,也就是他说的,他研究的只是这个形态而不是别的形态的发展规律,这是第一。第二,我们还得指出马克思得出他的结论的方法,这些方法,像我们刚才听到米海洛夫斯基先生所说的那样,就是"对有关事实的细心研究"。

现在我们来分析《资本论》的这一基本思想,它是我们这位主观哲学家如此狡猾地企图加以回避的。社会经济形态这一概念指的究竟是什么呢?怎样才可以而且必须把这种形态的发展看做是自然历史过程呢?这就是现在摆在我们面前的问题。我已经指出,从旧的(对俄国说来不是旧的)经济学家和社会学家的观点看来,社会经济形态这一概念完全是多余的,因为他们谈论的是一般社会,他们同斯宾塞们争论的是一般社会是什么,一般社会的目的和实质是什么等等。在这种议论中,这些主观社会学家所依靠的是如下这类论据:社会的目的是为社会全体成员谋利益,因此,正义要求有一种组织,凡不合乎这种理想的("社会学应从某种空想开始",——主观方法的首创者之一米海洛夫斯基先生的这句话绝妙地说明了他们的方法的实质)组织的制度都是不正常的,应该取消的。例如,米海洛夫斯基先生说:"社会学的根本任务是阐明那些使人的本性的这种或那种需要得到满足的社会条件。"可以看出,这位社会学家感兴趣的只是使人的本性得到满足的社会,而完全不是什么社会形态,何况这些社会形态还可能是以少数人奴役多数人这种不合乎"人的本性"的现象为基础的。同样可以看出,在这位社会学家看来,根本谈不上把社会发展看做自然历史过程。（"社会学家既然认为事物有合乎心愿的，有不合乎心愿的，他就应当找到实现合乎心愿的事物，消除不合乎心愿的事物的条件"，即"找到实现如此这般理想的条件"，——这也是同一个米海洛夫斯基先生说的。）不仅如此，甚至谈不上什么发展，而只能谈由于……由于人们不聪明，不善于很好了解人的本性的要求，不善于找到实现这种合理制度的条件而在历史上发生过的种种违背"心愿"的偏向，"缺陷"。显而易见，马克思关于社会经济形态发展的自然历史过程这一基本思想，从根本上摧毁了这种以社会学自命的幼稚说教。马克思究竟是怎样得出这个基本思想的呢？他做到这一点所用的方法，就是从社会生活的各种领域中划分出经济领域，从一切社会关系中划分出**生产关系**，即决定其余一切关系的基本的原始的关系。马克思自己曾这样描写过他对这个问题的推论过程：

"为了解决使我苦恼的疑问，我写的第一部著作是对黑格尔法哲学的批判性的分析……　我的研究得出这样一个结果：法的关系正像国家的形式一样，既不能从它们本身来理解，也不能从所谓人类精神的一般发展来理解，相反，它们根源于物质的生活关系，这种物质的生活关系的总和，黑格尔按照18世纪的英国人和法国人的先例，概括为'市民社会'，而对市民社会的解剖应该到政治经济学中去寻求。我研究政治经济学所得到的结果，可以简要地表述如下：人们在自己生活的社会生产中发生一定的……关系，即同他们的物质生产力的一定发展阶段相适合的**生产关系**。这些生产关系的总和构成社会的经济结构，即有法律的和政治的上层建筑竖立其上并有一定的社会意识形式与之相适应的现实基础。物质生活的生产方式制约着整个社会生活、政治生活和精神生活的过程。不是人们的意识决定人们的存在,相反,是人们的社会存在决定人们的意识。社会的物质生产力发展到一定阶段,便同它们一直在其中运动的现存生产关系或财产关系(这只是生产关系的法律用语)发生矛盾。于是这些关系便由生产力的发展形式变成生产力的桎梏。那时社会革命的时代就到来了。随着经济基础的变更,全部庞大的上层建筑也或慢或快地发生变革。在考察这些变革时,必须时刻把下面两者区别开来:一种是生产的经济条件方面所发生的物质的、可以用自然科学的精确性指明的变革,一种是人们借以意识到这个冲突并力求把它克服的那些法律的、政治的、宗教的、艺术的或哲学的,简言之,意识形态的形式。我们判断一个人不能以他对自己的看法为根据,同样,我们判断这样一个变革时代也不能以它的意识为根据;相反,这个意识必须从物质生活的矛盾中,从社会生产力和生产关系之间的现存冲突中去解释。……大体说来,亚细亚的、古希腊罗马的、封建的和现代资产阶级的生产方式可以看做是经济的社会形态演进的几个时代。"①

社会学中这种唯物主义思想本身已经是天才的思想。当然,这在那时**暂且**还只是一个假设,但是,是一个第一次使人们有可能以严格的科学态度对待历史问题和社会问题的假设。在这以前,社会学家不善于往下探究像生产关系这样简单和这样原始的关系,而直接着手探讨和研究政治法律形式,一碰到这些形式是由当时人类某种思想产生的事实,就停了下来;这样一来,似乎社会关系是由人们自觉地建立起来的。但这个充分表现在《社会契约

---

① 参看《马克思恩格斯文集》第 2 卷第 591—592 页。——编者注

论》[3]思想(这种思想的痕迹,在一切空想社会主义体系中都是很明显的)中的结论,是和一切历史观察完全矛盾的。社会成员把他们生活于其中的社会关系的总和,看做一个由某种原则所贯穿的一定的完整的东西,这是从来没有过而且现在也没有的事情;恰恰相反,大众是不自觉地适应这些关系的,而且根本不了解这些关系是特殊的历史的社会关系,例如人们在其中生活了很多世纪的交换关系,只是在最近才得到了解释。唯物主义继续深入分析,发现了人的这些社会思想本身的起源,也就消除了这个矛盾;因此,唯物主义关于思想进程取决于事物进程的结论,是唯一可与科学的心理学相容的。其次,再从另一方面说,这个假设第一次把社会学提高到科学的水平。在这以前,社会学家在错综复杂的社会现象中总是难于分清重要现象和不重要现象(这就是社会学中主观主义的根源),找不到这种划分的客观标准。唯物主义提供了一个完全客观的标准,它把**生产关系**划为社会结构,并使人有可能把主观主义者认为不能应用到社会学上来的重复性这个一般科学标准,应用到这些关系上来。当他们还局限于思想的社会关系(即通过人们的意识①而形成的社会关系)时,他们不能发现各国社会现象中的重复性和常规性,他们的科学至多不过是记载这些现象,收集素材。一分析物质的社会关系(即不通过人们的意识而形成的社会关系:人们在交换产品时彼此发生生产关系,甚至都没有意识到这里存在着社会生产关系),立刻就有可能看出重复性和常规性,把各国制度概括为**社会形态**这个基本概念。只有这种概括才使人有可能从记载(和从理想的观点来评价)社会现象进而以

---

① 当然,这里说的始终是**社会**关系的意识,而不是其他什么关系的意识。

10

严格的科学态度去分析社会现象,譬如说,划分出一个资本主义国家和另一个资本主义国家的不同之处,研究一切资本主义国家的共同之处。

最后,第三,这个假设之所以第一次使**科学的**社会学的出现成为可能,还由于只有把社会关系归结于生产关系,把生产关系归结于生产力的水平,才能有可靠的根据把社会形态的发展看做自然历史过程。不言而喻,没有这种观点,也就不会有社会科学。(例如,主观主义者虽然承认历史现象的规律性,但不能把这些现象的演进看做自然历史过程,这是因为他们只限于指出人的社会思想和目的,而不善于把这些思想和目的归结于物质的社会关系。)

马克思在40年代提出这个假设后,就着手实际地(请注意这点)研究材料。他从各个社会经济形态中取出一个形态(即商品经济体系)加以研究,并根据大量材料(他花了不下25年的工夫来研究这些材料)对这个形态的活动规律和发展规律作了极其详尽的分析。这个分析仅限于社会成员之间的生产关系。马克思一次也没有利用这些生产关系以外的任何因素来说明问题,同时却使人们有可能看到商品社会经济组织怎样发展,怎样变成资本主义社会经济组织而造成资产阶级和无产阶级这两个对抗的(这已经是在生产关系范围内)阶级,怎样提高社会劳动生产率,从而带进一个与这一资本主义组织本身的基础处于不可调和的矛盾地位的因素。

《资本论》的**骨骼**就是如此。可是全部问题在于马克思并不以这个骨骼为满足,并不仅以通常意义的"经济理论"为限;虽然他**完全**用生产关系来**说明**该社会形态的构成和发展,但又随时随地探究与这种生产关系相适应的上层建筑,使骨骼有血有肉。

《资本论》的成就之所以如此之大，是由于"德国经济学家"的这部书使读者看到整个资本主义社会形态是个活生生的形态：有它的日常生活的各个方面，有它的生产关系所固有的阶级对抗的实际社会表现，有维护资本家阶级统治的资产阶级政治上层建筑，有资产阶级的自由平等之类的思想，有资产阶级的家庭关系。现在可以看出，把马克思同达尔文相比是完全恰当的：《资本论》不是别的，正是"把堆积如山的实际材料总结为几点概括性的、彼此紧相联系的思想"。如果谁读了《资本论》，竟看不出这些概括性的思想，那就怪不得马克思了，因为我们知道，马克思甚至在序言中就已指出这些思想。而且这种比较不仅从外表方面（不知为什么，这一方面使米海洛夫斯基先生特别感兴趣）看是正确的，就是从内容方面看也是正确的。达尔文推翻了那种把动植物物种看做彼此毫无联系的、偶然的、"神造的"、不变的东西的观点，探明了物种的变异性和承续性，第一次把生物学放在完全科学的基础之上。同样，马克思也推翻了那种把社会看做可按长官意志（或者说按社会意志和政府意志，反正都一样）随便改变的、偶然产生和变化的、机械的个人结合体的观点，探明了作为一定生产关系总和的社会经济形态这个概念，探明了这种形态的发展是自然历史过程，从而第一次把社会学放在科学的基础之上。

现在，自从《资本论》问世以来，唯物主义历史观已经不是假设，而是科学地证明了的原理。在我们还没有看见另一种科学地解释某种社会形态（正是社会形态，而不是什么国家或民族甚至阶级等等的生活方式）的活动和发展的尝试以前，没有看见另一种像唯物主义那样能把"有关事实"整理得井然有序，能对某一社会形态作出严格的科学解释并给以生动描绘的尝试以前，唯物主义历史观始终是社会科学的同义词。唯物主义并不像米海洛夫斯基先生所想的那样,"多半是科学的历史观",而是唯一科学的历史观。

现在有人读了《资本论》,竟在那里找不到唯物主义,还有比这更可笑的怪事吗! 唯物主义在哪里呢? ——米海洛夫斯基先生带着实在莫名其妙的神情问道。

他读了《共产党宣言》,竟看不出那里对现代制度(法律制度、政治制度、家庭制度、宗教制度和哲学体系)的解释是唯物主义的,看不出那里其至对种种社会主义和共产主义理论的批判也是在某种某种生产关系中寻找并找到这些理论的根源的。

他读了《哲学的贫困》,竟看不出那里对蒲鲁东社会学的剖析,是从唯物主义观点出发的,看不出对蒲鲁东所提出的解决各种历史问题的办法的批判,是从唯物主义原则出发的,看不出作者本人谈到应该在哪里寻找材料来解决这些问题时,总是举出生产关系。

他读了《资本论》,竟看不出这是用唯物主义方法科学地分析一个(而且是最复杂的一个)社会形态的范例,是大家公认的无与伦比的范例。于是他坐下来拼命思索这个深奥的问题:"马克思在哪一部著作中叙述了自己的唯物主义历史观呢?"

凡熟悉马克思的人,都会反问他:马克思在哪一部著作中没有叙述过自己的唯物主义历史观呢? 米海洛夫斯基先生大概只有等到某个卡列耶夫的某本玄奥的历史著作在"经济唯物主义"这个条目内,用相应的号码标明马克思的唯物主义著作的时候,才会知道这些著作吧。

而最可笑的是,米海洛夫斯基先生责备马克思,说他没有"重新审查〈原文如此!〉一切关于历史过程的著名理论"。这简直可笑极了。试问这些理论十分之九都是些什么东西呢？都是一些关于什么是社会、什么是进步等等纯粹先验的、独断的、抽象的议论（我有意举出这些合乎米海洛夫斯基先生心意的例子）。要知道，这样的理论，就其存在来说，已是无用的，就其基本方法，就其彻头彻尾的暗淡无光的形而上学性来说，也是无用的。要知道，从什么是社会，什么是进步等问题开始，就等于从末尾开始。既然你连任何一个社会形态都没有研究过，甚至还未能确定这个概念，甚至还未能对任何一种社会关系进行认真的、实际的研究，进行客观的分析，那你怎么能得出关于一般社会和一般进步的概念呢？过去任何一门科学都从形而上学开始，其最明显的标志就是：还不善于着手研究事实时，总是先验地臆造一些永远没有结果的一般理论。形而上学的化学家还不善于实际研究化学过程时，就臆造什么是化学亲和力的理论。形而上学的生物学家谈论什么是生命，什么是生命力。形而上学的心理学家议论什么是灵魂。这种方法是很荒谬的。不分别说明各种心理过程，就不能谈论灵魂：在这里要想有所进步，就必须抛弃那些什么是灵魂的一般理论和哲学议论，并且能够把说明这种或那种心理过程的事实的研究放在科学的基础上。因此，米海洛夫斯基先生的责备，正好像一个在什么是灵魂这个问题上写了一辈子"学术著作"的形而上学的心理学家，连一个最简单的心理现象都解释不清楚，竟来责备一个科学的心理学家，说他没有重新审查所有关于灵魂的著名理论。他，这个科学的心理学家，抛弃了关于灵魂的哲学理论，直接去研究心理现象的物质基质（神经过程），而且，譬如说，分析并说明了某个或某些心理过程。于是，我们这位形而上学的心理学家读这部著作时，称赞它，说过程描写得很好,事实研究得不错,但是并不满意。这位哲学家听见周围的人说那位学者对心理学有完全新的观点,有科学心理学的特殊方法,就激动起来,怒气冲冲地说:且慢,究竟在哪一部著作中叙述了这个方法呢? 这部著作中不是"仅仅有一些事实"吗? 其中不是丝毫没有重新审查"所有关于灵魂的著名哲学理论"吗? 这是完全不相称的著作呀!

在形而上学的社会学家看来,《资本论》自然同样是不相称的著作。他看不出什么是社会这种先验的议论毫无用处,不懂得这种方法并不是研究问题和说明问题,不过是把英国商人的资产阶级思想或俄国民主主义者的小市民社会主义理想充做社会概念罢了。正因为如此,这一切历史哲学理论就像肥皂泡一样,一出现就化为乌有,至多不过是当时社会思想和社会关系的征象,丝毫没有促进人们对社会关系,即使是个别的但是现实的(而不是那些"适合人的本性的")社会关系的**理解**。马克思在这方面大大前进了一步:他抛弃了所有这些关于一般社会和一般进步的议论,而对**一种社会**(资本主义社会)和**一种进步**(资本主义进步)作了**科学的**分析。米海洛夫斯基先生却责备马克思,说他从头开始,而不从尾开始;从分析事实开始,而不从最终结论开始;从研究个别的、历史上一定的社会关系开始,而不从什么是一般社会关系的一般理论开始! 于是他问:"相称的著作究竟在哪里呢?"呵,好一个绝顶聪明的主观社会学家!!

如果我们这位主观哲学家,仅仅是对哪部著作论证过唯物主义这一问题疑惑不解,那也许还是小小的不幸。可是他,尽管在任何地方都没有找到对唯物主义历史观的论证,甚至没有找到对唯物主义历史观的叙述(也许正因为他没有找到),却开始把这个学说从未企求过的东西硬加到它的头上。他引证了布洛斯所说的马克思宣布了一种崭新的历史观的话，便毫不客气地推论下去，说这个理论企求"给人类解释其过去"，说明"人类的全部〈原文如此!!?〉过去"等等。这完全是捏造！这个理论所企求的只是说明资本主义一种社会组织，而不是任何别种社会组织。既然运用唯物主义去分析和说明一种社会形态就取得了这样辉煌的成果，那么，十分自然，历史唯物主义已不再是什么假设，而是经过科学检验的理论了；十分自然，这种方法也必然适用于其余各种社会形态，虽然这些社会形态还没有经过专门的实际研究和详细分析，正像已为充分事实所证实了的种变说思想适用于整个生物学领域一样，虽然对某些动植物物种来说，它们变化的事实还未能确切探明。种变说所企求的完全不是说明"全部"物种形成史，而只是把这种说明的方法提到科学的高度。同样，历史唯物主义也从来没有企求说明一切，而只企求指出"唯一科学的"（用马克思在《资本论》中的话来说）说明历史的方法。① 根据这一点可以判断，米海洛夫斯基先生所采用的是多么机智、多么郑重、多么体面的论战手法，他首先歪曲马克思，把一些妄诞的企求强加给历史唯物主义，说它企求"说明一切"，企求找到"打开一切历史门户的钥匙"（这种企求当然立即遭到马克思极其辛辣的反驳，见马克思为答复米海洛夫斯基的文章而写的"信"**4**），接着讥笑他自己所捏造的这种企求，最后，把恩格斯确切的意见（其所以确切，是因为这一次是摘录，而不是转述）引出来，即把唯物主义者所理解的政治经济学

---

① 参看《马克思恩格斯文集》第 5 卷第 428—429 页脚注（89）。——编者注

"尚待创造"、"我们所掌握的有关经济科学的东西,几乎只限于"资本主义社会史①等语引出来,于是作出这样的结论:"这些话把经济唯物主义的适用范围缩得很小了!"要多么幼稚或多么自以为是的人,才会指望这种戏法不会被人识破啊!首先歪曲马克思,接着讥笑自己的捏造,然后引来确切的意见,便厚颜无耻地宣布这些意见把经济唯物主义的适用范围缩小了!

米海洛夫斯基先生这种讥笑办法究竟是什么样的货色,可从下述例子看出。米海洛夫斯基先生说:"马克思在任何地方都没有论证过它们。"(即没有论证过经济唯物主义的理论根据)"固然,马克思和恩格斯曾打算写一部历史哲学和哲学历史性质的著作,甚至也写成了(1845—1846 年),但这部著作[5]从未刊印。恩格斯说:'这部著作的第一部分是阐述唯物主义历史观的;这种阐述只是表明当时我们在经济史方面的知识还多么不够。'②"于是米海洛夫斯基先生作出结论说:"由此可见,在'科学社会主义'和经济唯物主义理论的基本要点被发现以及随后在《宣言》中被阐述的时候,据作者之一自己承认,他们做这样一件事情的知识是不够的。"

你看这种批评多么可爱!恩格斯说他们当时的经济"史"的知识不够,因此,他们没有把自己的"一般"哲学历史性质的著作刊印出来。米海洛夫斯基先生把这点曲解成这样,好像"做这样一件事情",如制定"科学社会主义的基本要点",即作出《宣言》中对**资产阶级**制度所作的科学批判,他们的知识是不够的。二者必居其一:或者是米海洛夫斯基先生不懂得概括全部历史哲学的尝

---

① 参看《马克思恩格斯全集》中文第 2 版第 26 卷第 157 页。——编者注
② 参看《马克思恩格斯选集》第 3 版第 4 卷第 218 页。——编者注

试和科学地说明资产阶级制度的尝试之间的差别,或者是他认为马克思和恩格斯当时的知识还不足以批判政治经济学。如果是后一种情况,他就太刻薄了,竟不让我们见识一下他断定这种不足所持的理由以及他自己的更正和补充。马克思和恩格斯决定不发表他们的哲学历史著作,而集中全力来科学地分析一种社会组织,这只表明他们有高度的科学诚实态度。米海洛夫斯基先生决定加上几句话来对此加以挖苦,说马克思和恩格斯在阐述自己的观点时自己承认缺乏制定这些观点的知识,这只表明他的论战手法既不证明他聪明,也不证明他体面。

再举一个例子。米海洛夫斯基先生说:"马克思的第二个我——恩格斯,为了论证经济唯物主义这一历史理论,做了更多的工作。他有一部专门的历史著作:《家庭、私有制和国家的起源,就(im Anschluß)摩尔根的研究成果而作》,这个'就'字真是妙极了。美国人摩尔根的书①,出版在马克思和恩格斯宣布经济唯物主义原理许多年以后,同经济唯物主义完全无关。"于是他认为"经济唯物主义者附和了"这本书,同时,因为在史前时期没有阶级斗争,他们便对唯物主义历史观的公式加上这样一个"更正":在劳动生产率极低的原始时代,起首要作用的人自身的生产即子女生产,和物质财富生产同样是决定的要素。

恩格斯说:"摩尔根的伟大功绩,就在于他在……北美印第安人的血族团体中找到了一把解开希腊、罗马和德意志上古史上那些极为重要而至今尚未解决的哑谜的钥匙。"②

① 指路易斯·亨利·摩尔根《古代社会,或人类从蒙昧时代经过野蛮时代到文明时代的发展过程的研究》一书。——编者注
② 见《马克思恩格斯选集》第3版第4卷第13—14页。——编者注

米海洛夫斯基先生对此宣称:"总之,在 40 年代末发现并宣布了一个崭新的唯物主义的和真正科学的历史观,这个历史观对历史科学的贡献,同达尔文理论对现代自然科学的贡献一样。"随后米海洛夫斯基先生又重复说,但是这个历史观从未科学地论证过。"它不仅没有经过大量的和多样的实际材料的检验〈《资本论》是"不相称的"著作:其中只有事实和细心研究而已!〉,甚至没有用哪怕是批判和排斥其他历史哲学体系的方法来充分说明过。"恩格斯的《欧根·杜林先生在科学中实行的变革》一书"只是顺便说出的一些机智的尝试",因此米海洛夫斯基先生认为,这部著作中所涉及的大量重要问题,是可以完全回避的,尽管这些"机智的尝试"很机智地表明了"从空想开始的"社会学的空洞无物,尽管这部著作详细地批判了那种认为政治法律制度决定经济制度的"暴力论",亦即《俄国财富》杂志的政论家先生们那么热心宣扬的"暴力论"。的确,对一部著作胡诌几句毫无意义的空话,比认真分析哪怕是其中唯物主义地解决了的一个问题,要容易得多;何况这样做又很保险,因为书报检查机关大概永远也不会准许翻译这部书,米海洛夫斯基先生也就不必为自己的主观哲学担心,可以把这部书叫做机智之作了。

更为突出和更有教益的(为说明人有舌头是为了隐瞒自己的思想,或赋予空洞以思想形式),是他对马克思的《资本论》的评论。"《资本论》中有一些有历史内容的光辉篇页,**但是**〈这个"但是"妙极了!这甚至不是"但是",而是有名的"mais",译成俄语意思是"耳朵不会高过额头"[6]〉这些篇页也是按照此书的主旨,仅限于一个一定的历史时期,它们并不是确立经济唯物主义的基本原理,不过是涉及某类历史现象的经济方面。"换句话说,《资本论》

这部专门研究资本主义社会的著作,对这个社会和它的上层建筑作了唯物主义的分析,"**但是**"米海洛夫斯基先生宁愿回避这个分析:看呀,这里仅仅说到"一个"时期,而他,米海洛夫斯基先生,则想概括一切时期,并且概括到根本不具体谈及任何一个时期。很明显,为了达到这个目的,也就是说,为了概括一切时期而实质上不涉及任何一个时期,就只有一个方法,就是作些"光辉"而空洞的泛泛之谈。在用空话来支吾搪塞的技巧方面,谁也比不上米海洛夫斯基先生。原来只是因为他,马克思,"并不是确立经济唯物主义的基本原理,不过是涉及某类历史现象的经济方面",所以不值得(单独地)从实质上涉及马克思的著作。多么深奥呀!"不是确立",只"不过是涉及"!——的确,用空话来抹杀任何一个问题是多么容易呀!例如,既然马克思屡次说明,商品生产者的关系是法治国家公民权利平等和自由契约等等原则的基础,这是什么意思呢?他是以此来确立唯物主义呢,还是"不过是"涉及呢?我们的哲学家以他特有的谦逊,避免作实质性的回答,而直接从他的那些夸夸其谈、言之无物的"机智的尝试"中作出结论。

　　这个结论如下:"在一种企求阐明世界历史的理论宣布40年以后,希腊、罗马和德意志上古史对这一理论来说仍然是些不解之谜,这是不足为奇的;而解开这些哑谜的钥匙,第一,是由一个与经济唯物主义理论完全无关、一点也不知道这个理论的人找到的;第二,是借助非经济因素找到的。'人自身的生产'这一术语,即子女生产,使人觉得有点可笑,而恩格斯却抓住这个术语,以便同经济唯物主义基本公式保持哪怕是字面上的联系。可是,恩格斯不得不承认,人类的生活在许多世纪内都不是按照这个公式形成的。"您,米海洛夫斯基先生的论战手法的确一点也"不足为奇"!

20

地重复这种幼稚的胡说,不过是表明(除其他一切外)他甚至连俄国历史的进程也一点都不了解。如果可以说古罗斯[9]有过氏族生活,那么毫无疑问,在中世纪,在莫斯科皇朝时代[10],这些氏族联系便不存在了,就是说,国家完全不是建立在氏族的联合上,而是建立在地域的联合上:地主和寺院接纳了来自各地的农民,而这样组成的村社[11]纯粹是地域性的联合。但在当时未必能说已有真正的民族联系:国家分成各个"领地",其中有一部分甚至是公国,这些公国还保存着从前自治制度的鲜明遗迹、管理的特点,有时候还保存着自己单独的军队(地方贵族是带领自己的军队去作战的)、单独的税界等等。仅仅在近代俄国历史上(大约从 17 世纪起),这一切区域、领地和公国才真正在事实上融合成一个整体。最可尊敬的米海洛夫斯基先生,这种融合并不是由氏族联系引起的,甚至不是由它的延续和普遍化引起的,而是由各个区域之间日益频繁的交换,由逐渐增长的商品流通,由各个不大的地方市场集中成一个全俄市场引起的。既然这个过程的领导者和主人是商人资本家,所以这种民族联系的建立也就无非是资产阶级联系的建立。米海洛夫斯基先生举出这两件事实,都是自己打自己的耳光,而给予我们的不过是标本的资产阶级的庸俗见解而已,其所以是**庸俗见解**,是因为他用子女生产及其心理来解释遗产制度,而用氏族联系来解释民族;其所以是**资产阶级的**,是因为他把历史上一个特定的社会形态(以交换为基础的社会形态)的范畴和上层建筑,当做同子女教育和"直接"两性关系一样普遍的和永恒的范畴。

这里最值得注意的是,我们的主观哲学家一试图由空话转到具体事实,就立刻滚到泥坑里去了。他在这个不很干净的地方,大概感到很舒服:安然坐着,收拾打扮,弄得污泥浊水四溅。例如,他想推翻历史是一系列阶级斗争事件这一原理,于是便以深思的神情宣称这是"走极端",他说"马克思所建立的、以进行阶级斗争为目的的国际工人协会,并没有阻止住法德两国工人互相残杀和弄得彼此破产",据他说,这也就证明唯物主义没有清除"民族自负和民族仇恨的邪魔"。这种断语表明,这位批评家丝毫不懂得工商业资产阶级的非常实际的利益是这种仇恨的主要基础,丝毫不懂得把民族感情当做独立因素来谈就是掩盖问题的实质。不过,我们已经看出,我们的哲学家对民族有多么深奥的认识。米海洛夫斯基先生只会以纯粹布勒宁式的讥讽态度**12**来对待国际**13**,说"马克思是那个诚然已经瓦解但一定会复活的国际工人协会的首脑"。当然,如果像《俄国财富》杂志第 2 期国内生活栏编者按小市民的庸俗见解所写的那样,把"公平"交换制度看做国际团结的极限,而不懂得无论公平的或不公平的交换始终都以资产阶级的统治为前提和内容,不懂得不消灭以交换为基础的经济组织就不能停止国际冲突,那就不难了解,为什么他一说到国际,就一味嘲笑。那就不难了解,为什么米海洛夫斯基先生怎么也不能接受这样一个简单真理:除非在每一个国家把被压迫者阶级组织团结起来反对压迫者阶级,除非把这些民族的工人组织团结成一支国际工人大军去反对国际资本,是没有办法来消除民族仇恨的。至于说国际没有阻止住工人互相残杀,那只要向米海洛夫斯基先生提醒一下巴黎公社事件就够了,它表现了组织起来的无产阶级对待进行战争的统治阶级的真正态度。

米海洛夫斯基先生在这全部论战中,特别令人愤慨的,正是他的手法。如果他不满意国际的策略,如果他不赞成那些使欧洲工人为之而组织起来的思想,那他至少应当直率而公开地批评这些头顶**15**），让他向马克思点头哈腰之后又悄悄地向马克思吠叫吧：
"马克思同空想主义者和唯心主义者的论战，即使没有这一点"，
就是说即使马克思主义者没有重申论战的理由，"也是单方面
的"。我们只能把这种伎俩叫做吠叫，因为他确实**没有**拿出**一个**
实际的、确定的、经得起检验的异议来反对这场论战，所以（不管我
们怎样乐于谈论这个题目，认为这场论战对解决俄国社会主义问
题极为重要），我们简直无法回答这种吠叫，而只有耸耸肩膀说：

哎呀，哈巴狗，它敢向大象吠叫，想必是力量不小！**16**

米海洛夫斯基先生在这之后关于历史必然性的议论，也是并
不乏味的，因为它总算向我们打开了"我国著名社会学家"（这是
米海洛夫斯基先生和瓦·沃·先生一起在我国"文化界"的自由
派人士中间博得的称号）的一部分真正的思想行囊。他谈到"历
史必然性的思想和个人活动的作用之间的冲突"时说，社会活动
家如以活动家自居，那就大错特错了；其实他们是"被动者"，是
"被历史必然性的内在规律从神秘的暗窖里牵出来的傀儡"，——
据他说，这就是从历史必然性思想得出的结论，因此，他称这个思
想是"没有结果的"和"模糊不清的"。也许不是任何一个读者都
明白米海洛夫斯基先生从哪里弄来这套傀儡之类的胡说。原来，
关于决定论和道德观念之间的冲突、历史必然性和个人作用之间
的冲突的思想，正是主观哲学家喜爱的话题之一。关于这个问题，
他写了那么一大堆纸张，说了无数的小市民感伤的荒唐话，想把这
个冲突解决得使道德观念和个人作用占上风。其实，这里并没有
什么冲突，冲突完全是米海洛夫斯基先生因担心（而且是不无根
据的）决定论会推翻他所如此酷爱的小市民道德而捏造出来的。

决定论思想确认人的行为的必然性,摒弃所谓意志自由的荒唐的神话,但丝毫不消灭人的理性、人的良心以及对人的行动的评价。恰巧相反,只有根据决定论的观点,才能作出严格正确的评价,而不致把什么都推到自由意志上去。同样,历史必然性的思想也丝毫不损害个人在历史上的作用:全部历史正是由那些无疑是活动家的个人的行动构成的。在评价个人的社会活动时会发生的真正问题是:在什么条件下可以保证这种活动得到成功? 有什么保证能使这种活动不致成为孤立的行动而沉没在相反行动的汪洋大海里? 这也就是社会民主党人和俄国其他社会主义者解决得各不相同的另一个问题:以实现社会主义制度为目标的活动,应当怎样吸引群众参加才能取得重大的成果? 显然,这个问题的解决,直接取决于对俄国社会力量的配置的看法,对构成俄国现实的阶级斗争的看法,——而米海洛夫斯基先生又是只围着问题兜圈子,甚至不打算明确提出这个问题并给以一定的解答。大家知道,社会民主党人解答这个问题时所持的观点是:俄国经济制度是资产阶级社会,要摆脱这个社会只能有一条从资产阶级制度本质中必然产生的出路,这就是无产阶级反对资产阶级的阶级斗争。显然,严肃的批评应当是:或者反对那种认为我国制度是资产阶级制度的观点,或者反对关于这种制度的本质及其发展规律的看法,但米海洛夫斯基先生甚至不想触及这些严肃问题。他宁愿用一些毫无内容的辞藻来支吾搪塞,说什么必然性是一个太一般的括弧等等。是的,米海洛夫斯基先生,任何一种思想,假若你把它当干鱼[17]对待,先把全部内脏剜去,然后摆弄剩下的外壳,那都会成为一个太一般的括弧! 这个掩盖现代真正重大而迫切问题的外壳,就是米海洛夫斯基先生所喜爱的领域,因此,他特别傲然自得地强调说,"经济唯物主义忽视或不正确地阐述英雄和大众的问题"。看,关于当前俄国现实是由哪些阶级的斗争和在什么基础上构成的问题,在米海洛夫斯基先生看来想必是一个太一般的问题,于是他避而不谈。可是对于英雄和大众(不管这是工人大众、农民大众、厂主大众或是地主大众)之间存在什么关系的问题,他却极感兴趣。也许这确实是个"有兴趣的"问题,但责备唯物主义者集中全力来解决直接有关劳动阶级解放的问题,那不过表明自己是个庸人科学的爱好者而已。米海洛夫斯基先生在结束他对唯物主义的"批评"(?)时,又一次企图歪曲事实,颠倒黑白。恩格斯认为《资本论》曾被职业经济学家默然抵制①,而米海洛夫斯基先生对恩格斯这一看法的正确性表示怀疑(为了证明这种怀疑是有根据的,还举了一个可笑的理由,说德国有许许多多大学!),他说:"马克思想到的决不是这类读者〈工人〉,他对科学界人士也是有所期待的。"这话完全不对,因为马克思十分懂得,很少有可能指望资产阶级科学界人士会持公正的态度和作出科学的批评,所以他在《资本论》第2版跋中对这一点说得非常明确。他在那里说:"《资本论》在德国工人阶级广大范围内迅速得到理解,是对我的劳动的最好的报酬。一个在经济方面站在资产阶级立场上的人……迈尔先生,在普法战争期间发行的一本小册子中说得很对:被认为是德国世袭财产的卓越的理论思维能力(der große theoretische Sinn),已在德国的所谓有教养的阶级中完全消失了,但在德国工人阶级中复活了。"②

① 参看《马克思恩格斯选集》第3版第4卷第12页。——编者注
② 见《马克思恩格斯选集》第3版第2卷第87页。——编者注

还有一套颠倒黑白的把戏,也是针对唯物主义的,而且完全是按照第一个公式套下来的。"这个理论〈唯物主义理论〉一直没有被科学地论证过和检验过。"命题就是如此,而证据则是:"恩格斯、考茨基和其他某些人的著作中(像在布洛斯的大作里那样)个别具有历史内容的很好篇页,本来没有经济唯物主义商标也行,因为〈请注意"因为"二字!〉实际上〈原文如此!〉这些篇页考虑到了社会生活的全部总和,虽然在这一和弦中经济的弦音占优势。"结论……是:"经济唯物主义在科学上是站不住脚的。"

又是那套老把戏! 为了证明这个理论没有根据,米海洛夫斯基先生首先是曲解它,硬说它荒谬到不愿考虑社会生活的全部总和(其实完全相反,唯物主义者——马克思主义者——是最先提出不仅必须分析社会生活的经济方面而且必须分析社会生活的各个方面这一问题的社会主义者①),接着又确认,"实际上"唯物主义者用经济"很好地"说明了社会生活的全部总和(这个事实显然

---

① 这是在《资本论》和社会民主党人策略中完全明白表示出来而和从前的社会主义者不同的地方。马克思直截了当地提出了不以经济方面为限的要求。1843 年马克思在给预备出版的杂志**18**拟定纲领时写信给卢格说:"然而整个社会主义的原则又只是……这一个方面。我们还应当同样关心另一个方面,即人的理论生活,因而应当把宗教、科学等等当做我们批评的对象。…… 正如**宗教**是人类的理论斗争的目录一样,**政治国家**是人类的实际斗争的目录。可见政治国家在自己的形式范围内从共和制国家的角度反映了一切社会斗争、社会需求、社会真理。所以,把最特殊的政治问题,例如等级制度和代议制度之间的区别作为批判的对象,毫不意味着降低原则高度。因为这个问题只是用**政治的**方式来表明人的统治同私有制的统治之间的区别。这就是说,批评家不但能够而且必须探讨这些政治问题(在那些极端的社会主义者看来这些问题是不值得注意的)。"(见《马克思恩格斯文集》第 10 卷第 8—9 页。——编者注)

击中了作者自己），最后作出结论说，唯物主义"是站不住脚的"。
可是，米海洛夫斯基先生，您这套颠倒黑白的把戏倒是很妙地站住
脚了！

这就是米海洛夫斯基先生用来"驳斥"唯物主义的一切。我
再说一遍，这里没有任何批评，有的只是一堆空洞的妄自尊大的胡
说。随便问一下什么人，米海洛夫斯基先生对生产关系是其余一
切关系的基础的观点，究竟提出过什么异议呢？他用什么反驳过
马克思用唯物主义方法得出的社会形态以及这些形态的自然历史
发展过程这一概念的正确性呢？他怎样证明那些即使是他提到的
作者对各种历史问题所提出的唯物主义解释是不正确的呢？任何
人都一定会回答说：他没有提出任何异议，没有举出任何反驳的理
由，没有指出任何不正确的地方。他只是在那里兜圈子，竭力用空
话掩盖问题的实质，并顺便捏造种种无聊的遁词。

当这样一位批评家在《俄国财富》杂志第 2 期上继续反驳马
克思主义的时候，很难指望他会拿出什么像样的东西。全部差别
在于他那种颠倒黑白的发明能力已经穷尽，他在开始利用旁人
的了。

首先他大谈社会生活的"复杂性"，甚至说加尔瓦尼电学也同
经济唯物主义有联系，因为加尔瓦尼的实验对黑格尔也"发生了
影响"。真是惊人的机智！这样说来，也可以把米海洛夫斯基先
生和中国皇帝联系起来了！这除了说明有人以胡说为乐事，还能
得出什么结论呢？！

米海洛夫斯基先生继续说："事物的历史进程的实质根本不
可捉摸，经济唯物主义学说也没有捉摸住，虽然这个学说看来依靠
两个基石，一个是生产形式和交换形式具有决定一切的意义的发

现，一个是辩证过程的无可争辩性。"

这样看来，唯物主义者所依靠的是辩证过程的"无可争辩性"！就是说，唯物主义者把自己的社会学理论建立在黑格尔的三段式上。我们又听到这种老一套的责难，说马克思主义是黑格尔辩证法，这种责难看来已被批评马克思的资产阶级批评家用得够滥的了。这帮先生不能从实质上对这个学说提出任何反驳，就拼命抓住马克思的表达方式，攻击这个理论的起源，想以此动摇这个理论的根基。米海洛夫斯基先生也毫不客气地采用了这种手法。恩格斯《反杜林论》一书中的一章①成了他的借口。恩格斯在反驳攻击马克思辩证法的杜林时说：马克思从未打算用黑格尔的三段式来"证明"任何事物，马克思只是研究和探讨现实过程，马克思认为理论符合现实是理论的唯一标准。假使说，有时某种社会现象的发展符合肯定——否定——否定的否定这个黑格尔公式，那也没有什么奇怪，因为这在自然界中根本不是罕见的现象。于是恩格斯引证自然历史方面（麦粒的发育）和社会方面的例子，例如起初是原始共产主义，接着是私有制，然后是资本主义的劳动社会化；又如起初是原始唯物主义，然后是唯心主义，最后是科学唯物主义，等等。谁都明白，恩格斯立论的重心在于：唯物主义者的任务是正确地和准确地描绘现实的历史过程；而坚持辩证法，选择例子证明三段式的正确，不过是科学社会主义由以长成的那个黑格尔主义的遗迹，是黑格尔主义表达方式的遗迹罢了。既然已经断然声明，用三段式"证明"任何事物都是荒谬的，说谁也没有打算这

---

① 指弗·恩格斯《反杜林论》第1编第13章《辩证法。否定的否定》，见《马克思恩格斯全集》中文第2版第26卷第137—151页。——编者注

样做,那么,"辩证"过程的例子究竟能有什么意义呢? 这不过是表露了学说的起源,难道还不明显吗? 米海洛夫斯基先生自己也感觉到这一点,他说,不可把理论的起源当做理论的罪过。但是,要在恩格斯这段议论中发现超乎理论起源的东西,那显然就必须证明,至少有一个历史**问题**,唯物主义者不是根据有关事实,而是借三段式来解决的。米海洛夫斯基先生企图证明过这点吗? 丝毫也没有。相反,他自己也不得不承认:"马克思用实际内容把空洞的辩证公式充实到了这种程度,以至可以把这个公式从这个内容上去掉,就像从杯子上去掉盖子一样,并不会改变什么。"(米海洛夫斯基先生在这里把有关未来的问题作为例外,我们在下面还要谈到。)既然如此,米海洛夫斯基先生为什么又这样热心地和这个并不改变什么的盖子周旋呢? 为什么说唯物主义者所"依靠"的是辩证过程的无可争辩性呢? 他为什么在攻击这个盖子时公然撒谎骗人,说他是在攻击科学社会主义的"基石"之一呢?

我当然不会去探究米海洛夫斯基先生是怎样分析三段式的例子的,我重说一遍,因为这无论对科学唯物主义还是对俄国马克思主义,都没有任何关系。但有一个问题值得注意:米海洛夫斯基先生这样曲解马克思主义者对辩证法的态度,究竟有些什么根据呢? 根据有二:第一,米海洛夫斯基先生只知其一,不知其二;第二,米海洛夫斯基先生又玩了(或正确些说,从杜林那里剽窃了)一套歪曲捏造的手法。

关于第一点,米海洛夫斯基先生在读马克思主义文献时,常常碰见社会科学中的"辩证方法",碰见社会问题范围(谈的也只是这个范围)内的"辩证思维"等等。由于头脑简单(如果只是简单那还好),他以为这个方法就是按黑格尔三段式的规律来解决一切社会学问题。他只要稍微细心一点看问题,就不能不确信这种看法是荒谬的。马克思和恩格斯称之为辩证方法(它与形而上学方法相反)的,不是别的,正是社会学中的科学方法,这个方法把社会看做处在不断发展中的活的机体(而不是机械地结合起来因而可以把各种社会要素随便配搭起来的一种什么东西),要研究这个机体,就必须客观地分析组成该社会形态的生产关系,研究该社会形态的活动规律和发展规律。辩证方法对形而上学方法(社会学中的主观方法无疑也属于这个概念)的态度,我们在下面将尽力以米海洛夫斯基先生自己的议论为例加以说明。现在我们仅仅指出,凡是读过恩格斯(在同杜林的论战中。俄文版:《社会主义从空想到科学的发展》)或马克思(《资本论》中的各条注解和第2版《跋》;《哲学的贫困》)关于辩证方法的定义和叙述的人,都会看出根本没有说到黑格尔的三段式,而全部问题不过是把社会演进看做是社会经济形态发展的自然历史过程。为了证明这一点,我把《欧洲通报》杂志[19]1872年第5期上描述辩证方法的那一段话(短评:《卡尔·马克思的政治经济学批判的观点》[20])全部引来,这段话马克思在《资本论》第2版《跋》中引证过。马克思在《跋》中说,他在《资本论》中应用的方法被人们理解得很差。"德国的评论家当然大叫什么黑格尔的诡辩。"马克思为要更明白地叙述自己的方法,于是摘引了上述短评中描述这个方法的那一段话。短评说:在马克思看来,只有一件事情是重要的,那就是发现他所研究的那些现象的规律,在他看来,最重要的是这些现象变化的规律,这些现象发展的规律,即它们由一种形式过渡到另一种形式、由一种社会关系秩序过渡到另一种社会关系秩序的规律。所以马克思竭力去做的只是一件事:通过准确的科学研究来证明社会关系的一定秩序的必然性,同时尽可能完善地指出那些作为他的出发点和根据的事实。为了这个目的,只要证明现有秩序的必然性,同时证明这种秩序不可避免地要过渡到另一种秩序的必然性就完全够了,而不管人们相信或不相信,意识到或没有意识到这种过渡。马克思把社会运动看做受一定规律支配的自然历史过程,这些规律不仅不以人的意志、意识和意图为转移,反而决定人的意志、意识和意图。(请那些因为人抱有自觉的"目的",遵循一定的理想,而主张把社会演进从自然历史演进中划分出来的主观主义者先生们注意。)既然意识要素在文化史上只起着这种从属作用,那么不言而喻,以文化本身为对象的批判,比任何事情更不能以意识的某种形式或某种结果为依据。这就是说,作为这种批判的出发点的不能是观念,而只能是外部客观现象。批判将不是把事实和观念比较对照,而是把一种事实同另一种事实比较对照。对这种批判唯一重要的是,对两种事实进行尽量准确的研究,使之真正形成相互不同的发展阶段,而且特别需要的是同样准确地把一系列已知的状态、它们的连贯性以及不同发展阶段之间的联系研究清楚。马克思否认的正是这种思想:经济生活规律,不管是应用于现在或过去,都是一样的。恰恰相反,每个历史时期都有它自己的规律。经济生活呈现出的现象和生物学的其他领域的发展史颇相类似。旧经济学家不懂得经济规律的性质,他们把经济规律同物理学定律和化学定律相比拟。更深刻的分析证明,各种社会有机体像动植物有机体一样,彼此根本不同。马克思认为自己的任务是根据这种观点来研究资本主义的经济组织,因而极其科学地表述了对经济生活的任何准确的研究所应抱的目的。这种研究的科学价值在于阐明支配着一定社会有机体的产生、生存、发展和死亡以及为另一更高的有机体所代替的特殊规律(历史规律)。

这就是马克思从报章杂志对《资本论》的无数评论中挑选出来并译成德文的一段对辩证方法的描述,马克思这样做,是因为这段对辩证方法的说明,正如他自己所说,是十分确切的。试问,这里有一句话提到三段式、三分法、辩证过程的无可争辩性等等胡说,即米海洛夫斯基先生用骑士姿态加以攻击的那些胡说吗?马克思紧接着这段描述之后还直截了当地说,他的方法和黑格尔的方法"截然相反"。在黑格尔看来,观念的发展,按照三段式的辩证规律,决定现实的发展。当然,只有在这种场合,才说得上三段式的作用,才说得上辩证过程的无可争辩性。马克思说,在我看来则相反,"观念的东西不过是物质的东西的反映"。因而全部问题归结为"对现存事物及其必然的发展的肯定的理解":三段式只能起着使庸人们发生兴趣的盖子和外壳("我卖弄起黑格尔的字眼来了",——马克思在这个跋里说)的作用。现在要问,如果一个人想批判科学唯物主义的"基石"之一即辩证法,他无所不谈,甚至连蛤蟆和拿破仑都谈到了,可就是不谈这个辩证法有何内容,不谈社会的发展是否真的是自然历史过程,把社会经济形态看做特殊的社会有机体的唯物主义概念是否正确,对这些形态的客观分析的方法是否正确,社会观念是否真的不决定社会发展反而为社会发展所决定等等问题,那么,我们应该怎样评判这个人呢?是否可以说只是由于他不理解呢?

关于第二点。米海洛夫斯基先生这样"批判"辩证法以后,就把这种"借"黑格尔三段式进行论证的办法硬加到马克思头上,并且当然是扬扬得意地攻击这种办法。他说:"关于未来,社会内在规律纯粹是被辩证地提出来的。"(这也就是上文提到的例外。)马克思关于资本主义的发展规律必然使剥夺者被剥夺的论断,带有"纯粹辩证的性质"。马克思关于土地和资本公有的"理想","就其必然和毫无疑义来说,纯粹是维系在黑格尔三项式链条的最末一环上的"。

这个论据**完全**是从杜林那里**拿来**的,是杜林在他的《国民经济学和社会主义批判史》一书(1879 年第 3 版第 486—487 页)里运用过的。可是,米海洛夫斯基先生只字不提杜林。话又说回来,也许这套歪曲马克思的手法是他的独出心裁吧?

恩格斯给了杜林一个绝妙的答复,而且他也引述了杜林的批评,所以我们只引恩格斯的答复**21**就可以了。读者一定会看出,这个答复对米海洛夫斯基先生也是完全适用的。

"杜林说:'这一历史概述〈英国资本的所谓原始积累的产生过程〉①,在马克思的书中比较起来还算是最好的,如果它不但抛掉博学的拐杖,而且也抛掉辩证法的拐杖,那或许还要好些。由于缺乏较好的和较明白的方法,黑格尔的否定的否定不得不在这里执行助产婆的职能,靠它的帮助,未来便从过去的腹中产生出来。从 16 世纪以来通过上述方法实现的个人所有制的消灭,是第一个否定。随之而来的是第二个否定,它被称为否定的否定,因而被称为"个人所有制"的重新建立,然而是在以土地和劳动资料的公有为基础的更高形式上的重新建立。既然这种新的"个人所有制"在马克思先生那里同时也称为"社会所有制",那么这里正表现出黑格尔的更高的统一,在这种统一中,矛盾被扬弃〈aufgehoben——这是黑格尔的专用术语〉,就是说按照这种文字游戏,矛盾既被克服

---

① 这个尖括号中的话是恩格斯加的。——编者注

又被保存。

……这样,剥夺剥夺者,便是历史现实在其外部物质条件中的仿佛自动的产物……　未必有一个深思熟虑的人,会凭着否定的否定这一类黑格尔蠢话的信誉而确信土地和资本公有的必然性。其实,马克思观念的混沌杂种,并不使这样的人感到惊奇,他知道什么东西能够同作为科学基础的黑格尔辩证法合拍,或者确切地说,知道一定会出现无稽之谈。对于不熟悉这些把戏的人,应该明确指出,在黑格尔那里,第一个否定是教义问答中的原罪概念,而第二个否定则是引向赎罪的更高统一的概念。这种从宗教领域中抄袭来的荒唐类比,当然不能为事实的逻辑提供根据……　马克思先生安心于他那既是个人的又是社会的所有制的混沌世界,却让他的信徒们自己去解这个深奥的辩证法之谜。'杜林先生就是这样说的。

总之,——恩格斯总结说,——马克思不依靠黑格尔的否定的否定,就无法证明社会革命的必然性,证明建立土地公有制和劳动所创造的生产资料的公有制的必然性;他在根据从宗教中抄袭来的这种荒唐类比创造自己的社会主义理论时,得出这样的结论:在未来的社会里,将存在一种既是个人的又是社会的所有制,即黑格尔的被扬弃的矛盾的更高的统一。①

_____

① 这段杜林观点的表述对米海洛夫斯基先生也完全适用,关于这点,他那篇《卡尔·马克思在尤·茹柯夫斯基先生的法庭上》的论文里还有下述一段可以证明。米海洛夫斯基先生在反驳那位断言马克思是私有制辩护者的茹柯夫斯基先生时,曾指出马克思的这个公式并解说如下:"马克思把黑格尔辩证法中两个尽人皆知的戏法搬到自己的公式中来,第一,这个公式是按黑格尔三段式规律造成的;第二,合题是以对立面(即个人所有制和社会所有制)的同一为基础的。可见'个人'

我们先把否定的否定撇在一边,来看看'既是个人的又是社会的所有制'。杜林先生把这叫做'混沌世界',而且他在这里令人惊奇地确实说对了。但是很遗憾,处于这个'混沌世界'之中的不是马克思,而又是杜林先生自己。……他按照黑格尔来纠正马克思,把马克思只字未提的什么所有制的更高的统一硬加给马克思。

马克思是说:'这是否定的否定。这种否定重新建立个人所有制,然而是在资本主义时代的成就的基础上,在自由劳动者的协作的基础上和他们对土地及他们所生产的生产资料的公有制上来重新建立。以自己劳动为基础的分散的个人私有制转化为资本主义私有制,同事实上已经以社会生产为基础的资本主义私有制转化为社会所有制比较起来,自然是一个长久得多、艰苦得多、困难得多的过程。'他说的就是这些。可见,靠剥夺剥夺者而建立起来的状态,被称为重新建立个人所有制,然而是**在**土地和靠劳动本身生产的生产资料的社会所有制的**基础上**重新建立。对任何一个懂德语的人来说〈懂俄语也一样,米海洛夫斯基先生,因为译文完全准确〉,这就是说,社会所有制涉及土地和其他生产资料,个人所有制涉及产品,也就是涉及消费品。为了使甚至六岁的儿童也能明白这一点,马克思在第56页〈俄文版第30页〉①设想了一个'自

---

一词,在这里具有一种特殊的、纯粹假设的,即辩证过程的一个组成部分的意义,而丝毫也不能引为根据。"这是一个怀有最善良愿望的人在俄国公众面前替"热血志士"马克思辩护以反对资产者茹柯夫斯基先生时所说的话。他就是怀着这种善良愿望而把马克思说成这样:马克思把自己对过程的看法建立在"戏法"上面!米海洛夫斯基先生可以从这里吸取一个对他不无益处的教训:做任何一件事情单靠善良愿望都是有点不够的。

① 参看《马克思恩格斯选集》第3版第2卷第126页。——编者注

由人联合体,他们用公共的生产资料进行劳动,并且自觉地把他们许多个人劳动力当做一个社会劳动力来使用',也就是设想了一个按社会主义原则组织起来的联合体,还说:'总产品是一个社会产品。这个产品的一部分重新用做生产资料。**这一部分依旧是社会的**。而另一部分则作为生活资料由联合体成员消费。**因此,这一部分要在他们之间进行分配**。'这些话甚至对杜林先生来说,也是足够清楚的。

既是个人的又是社会的所有制,这个混乱的杂种,这种从黑格尔辩证法中一定会出现的无稽之谈,这个混沌世界,这个马克思让他的信徒们自己去解的深奥的辩证法之谜——这又是杜林先生的自由创造物和想象物……

那么,——恩格斯继续说,——否定的否定在马克思那里究竟起了什么作用呢? 在第 791 页和以后几页〈俄文版第 648 页①及以后几页〉上,马克思概述了前 50 页〈俄文版前 35 页〉中所作的关于资本的所谓原始积累的经济研究和历史研究的最后结果。在资本主义时代之前,至少在英国,存在过以劳动者自己的生产资料的私有制为基础的小生产。所谓原始积累,在这里就是这些直接生产者的被剥夺,即以自己劳动为基础的私有制的解体。这种解体之所以成为可能,是因为上述的小生产只能同生产和社会的狭隘的、自然产生的界限相容,因而它发展到一定程度就产生消灭它自身的物质基础。这种消灭,即个人的分散的生产工具转化为社会的积聚的生产工具,形成资本的前史。一旦劳动者转化为无产者,他们的生产资料转化为资本,一旦资本主义生产方式站稳脚

---

① 参看《马克思恩格斯选集》第 3 版第 2 卷第 297 页。——编者注

跟,劳动的进一步社会化,土地和其他生产资料的进一步转化〈变为资本〉,从而对私有者的进一步的剥夺,都会采取新的形式。'现在要剥夺的已经不再是独立经营的劳动者,而是剥削许多工人的资本家了。这种剥夺是通过资本主义生产本身的内在规律的作用,即通过资本的积聚进行的。一个资本家打倒许多资本家。随着这种积聚或少数资本家对多数资本家的剥夺,规模不断扩大的劳动过程的协作形式日益发展,科学日益被自觉地应用于工艺方面,土地日益被有计划地共同利用,劳动工具日益转化为只能共同使用的东西,一切生产资料因作为结合的、社会的劳动的共同生产资料使用而日益节省。随着那些掠夺和垄断这一转化过程的全部利益的资本巨头不断减少,贫困、压迫、奴役、退化和剥削的程度不断加深,而日益壮大的、由资本主义生产过程本身的机制所训练、联合和组织起来的工人阶级的反抗也不断增长。资本成了和它一起并在它羽翼下繁盛起来的生产方式的桎梏。生产资料的积聚和劳动的社会化,达到了同它们的资本主义外壳不能相容的地步。这个外壳就要炸毁了。资本主义私有制的丧钟就要响了。剥夺者就要被剥夺了。'

现在我请问读者:辩证法的一团混乱和各种观念的杂乱交织在哪里呢？使一切差别化为乌有的那种概念的混淆在哪里呢？为信徒创造的辩证法的奇迹和仿效黑格尔的逻各斯学说所玩弄的戏法——据杜林说,没有这些东西,马克思就不能自圆其说——在哪里呢？马克思历史地证明并在这里简略地概述:正像以往小生产由于自身的发展而造成消灭自身的条件一样,现在资本主义生产方式也自己造成使自己必然走向灭亡的物质条件。这是一个历史的过程,如果说它同时又是一个辩证的过程,那么这不是马克思的罪过,尽管这对杜林先生说来好似命中注定的。

马克思只是在作了自己的历史的和经济的证明之后才继续说:'资本主义的生产方式和占有方式,从而资本主义的私有制,是对个人的、以自己劳动为基础的私有制的第一个否定。对资本主义生产的否定,是它自己由于自然历史过程的必然性而造成的。这是否定的否定'等等(如上面引证过的)。

因此,当马克思把这一过程称为否定的否定时,他并没有想到要以此来证明这一过程是个历史地必然的过程。相反,他在历史地证明了这一过程一部分实际上已经实现,一部分还一定会实现以后,才又指出,这是一个按一定的辩证法规律完成的过程。他说的就是这些。由此可见,如果说杜林先生断定,否定的否定不得不在这里执行助产婆的职能,靠它的帮助,未来便从过去的腹中产生出来,或者他断定,马克思要求人们凭着否定的否定的信誉来确信土地和资本的公有的必然性,那么这些论断又都是杜林先生的纯粹的捏造。"(第125页)

读者可以看出,恩格斯这段驳斥杜林的出色议论,对于米海洛夫斯基先生也是完全适用的,因为米海洛夫斯基先生同样断言,马克思把未来纯粹维系在黑格尔链条的最末一环上,断言对于未来的必然性的信念只能建立在信仰上[①]。

杜林和米海洛夫斯基先生之间的全部区别,只有下列两小点:

---

① 说到这里,我以为不妨指出:恩格斯的全部解释是载在他谈论麦粒、卢梭学说和其他辩证过程实例的那一章里的。看来只要把这些实例拿来和恩格斯(以及马克思,因为这本著作的手稿预先读给马克思听过)这样明白肯定的声明——根本谈不到用三段式来**证明**什么东西,或把这三段式的"假设成分"塞到现实过程的描述中,——对照一下,就完全可以明白,责难马克思主义是黑格尔辩证法,是荒谬绝伦的。

第一,尽管杜林一说起马克思就怒火万丈,但他毕竟认为必须在他那部《批判史》①的下一节里提到马克思如何在跋②中断然反驳了那种说他是黑格尔主义的责难,而米海洛夫斯基先生对马克思十分明确地说明自己是怎样理解辩证方法的那段话(上面引过的那段话)却避而不谈。

第二,米海洛夫斯基先生的第二个独到之处,是他把全部注意力集中在动词时态的用法上。为什么马克思说到将来的时候使用现在时呢? ——我们的哲学家扬扬得意地问道。可敬的批评家,关于这个问题,你可以去查任何一本语法书,它会告诉你,当将来的事情是必不可免和毫无疑义的时候,就要用现在时而不用将来时。但是,究竟为什么这样,为什么它是毫无疑义的呢? ——米海洛夫斯基先生惊问道,他想装出非常激动的样子,把歪曲捏造的把戏弥缝起来。马克思对这点也给了十分确定的答复。可以认为这个答复不充分或不正确,但那就必须指明**究竟什么地方**不正确,**为什么**不正确,而不是胡诌一通,说这是黑格尔主义。

有一个时候,米海洛夫斯基先生不仅本人知道这个答复是什么,而且还教训过别人。他在 1877 年写道,茹柯夫斯基先生尽可认为马克思关于未来的理论是一种猜测,但是,他"没有道义上的权利"回避"马克思认为具有重大意义的"劳动社会化问题。呵,当然咯! 茹柯夫斯基在 1877 年没有道义上的权利回避问题,而米海洛夫斯基先生在 1894 年却有这种道义上的权利了! 也许是丘必特可做的,公牛不可做吧?!**22**

---

① 指杜林《国民经济学和社会主义批判史》。——编者注
② 指马克思《资本论》第 1 卷第 2 版《跋》,见《马克思恩格斯选集》第 3 版第 2 卷第 86—94 页。——编者注

在这里我不禁想起曾经发表在《祖国纪事》杂志[23]上的一则关于对这个社会化的见解的奇闻。该杂志 1883 年第 7 期载有一位局外人①先生《给编辑部的信》，这位先生也同米海洛夫斯基先生一样，认为马克思关于未来的"理论"是一种猜测。这位先生说："其实，在资本主义统治下，劳动的社会形式不过是几百或几千工人在一个场所内磨着，锤着，转着，堆着，填着，拖着，以及还从事许多其他操作。这个制度的一般性质很可拿一句俗话来表示：'人人为自己，上帝为大家。'这谈得上什么劳动的社会形式呢？"

这立刻就可以看出，这个人算是把问题弄清楚了！"劳动的社会形式""不过是""在一个场所内做工"！！既然连最优秀的俄国杂志之一都有这种奇怪见解，还居然有人要我们相信《资本论》的理论部分已为科学界所公认。的确，"公认的科学"既然不能用稍为像样的东西来反驳《资本论》，于是就恭维它，同时继续表现极其无知，重复着经济学教科书中的陈词滥调。我们必须稍微谈谈这个问题，好让米海洛夫斯基先生知道他按照自己的固定习惯而完全回避了的问题的实质。

资本主义生产使劳动社会化，决不在于人们在一个场所内做工（这只是过程的一小部分），而在于随着资本集中而来的是社会劳动的专业化，每个工业部门的资本家人数的减少，单独的工业部门数目的增多；就是说，在于许多分散的生产过程融合成一个社会生产过程。例如，在手工纺织时代，小生产者自己纺纱并用它来织布，工业部门并不多（纺纱业和织布业合在一起）。一旦资本主义使生产社会化，单独的工业部门的数目就增加起来，纺纱业单独纺

---

① 尼·康·米海洛夫斯基的笔名。——编者注

纱,织布业单独织布;这种生产单独化和生产集中使机器制造业、煤炭采掘业等等新部门相继出现。在每个现在已更加专业化的工业部门里,资本家的人数日益减少。这就是说,生产者之间的社会联系日益加强,生产者在结成一个整体。分散的小生产者各人兼干几种操作,所以不大依赖别人:例如一个手工业者自己种亚麻,自己纺麻和织布,几乎是不依赖别人的。正是在这种分散的小商品生产者的制度下(也只是在这种制度下),"人人为自己,上帝为大家"这句俗话,也就是说,市场波动的无政府状态,才是有根据的。当劳动已因资本主义而社会化,情形就完全不同了。织布厂老板依赖纺纱厂老板;后者又依赖种棉花的资本家,依赖机器制造厂老板,依赖煤矿老板等等。结果任何一个资本家离了别的资本家都不行。显然,"人人为自己"这句俗话完全不适用于这样一种制度:这里已经是一人为大家工作,大家为一人工作(上帝已没有立足之地,不管他是作为天空的幻影,还是作为人间的"金犊"[24])。制度的性质完全变了。在存在分散的小企业的制度下,其中某个企业停工了,只影响社会少数成员,并未造成普遍的混乱,因而不会引起大家的注意,不会激起社会的干涉。可是,如果一个属于非常专业化的工业部门,而且几乎是为全社会工作但又依赖全社会(为简单起见,我以社会化已达顶点时的情形为例)的大企业停工了,那么,社会其余一切企业都一定会停工,因为它们只能从这个企业取得必需的产品,只有有了这个企业的商品,才能实现自己的全部商品。这样,所有的生产就融合成一个社会生产过程,同时每种生产又由资本家各自经营,以他的意愿为转移,把社会产品归他私人所有。于是生产形式就同占有形式发生不可调和的矛盾,这难道还不清楚吗?后者不能不适应前者,不能不也变成社会的即社会主义的,这难道还不明显吗？而《祖国纪事》杂志的机智的庸人却把一切归结为在一个场所内做工。真是胡说八道！(我所说的只是物质过程,只是生产关系的改变,没有涉及这一过程的社会方面,没有涉及工人的联合、团结和组织,因为这是派生的现象,第二位的现象。)

我们所以不得不向俄国"民主主义者"解释这种起码的常识,是因为他们全身浸透了小市民思想,除小市民制度外,根本不能想象其他的制度。

我们还是回过来谈米海洛夫斯基先生吧。他拿什么来反驳马克思在作出资本主义发展规律本身使社会主义制度必然到来的结论时所依据的事实和理由呢？他是不是证明了在实际上(在商品的社会经济组织条件下)社会劳动过程不是日益专业化,资本和企业不是日益集中,整个劳动过程不是日益社会化呢？没有,他没有举出任何一个理由来反驳这些事实。他是不是动摇了认为资本主义社会具有一种不能与劳动社会化相容的无政府状态的论点呢？他丝毫没有谈到这一点。他是不是证明过一切资本家的劳动过程联合为一个社会劳动过程的现象能同私有制和平共居呢？除马克思指明的出路之外,是不是还能想出其他摆脱矛盾的出路呢？没有,他一个字也没有提到这一点。

他究竟靠什么来进行批评呢？靠颠倒黑白、歪曲捏造,靠无非是耍花招的滔滔不绝的空话。

批评家预先说了一大堆关于历史的三段一贯的步骤的废话,然后煞有介事地质问马克思:"以后又怎样呢？"也就是说,在他所描写的那个过程的最后阶段以后,历史将怎样前进呢？试问,对这种手法又能叫做别的什么呢？请注意,马克思一开始从事写作活动和革命活动,就十分明确地表示过他对社会学理论的要求:社会学理论应当确切地描写现实过程,如此而已(例如参看《共产党宣言》论共产党人的理论标准[25])。他在《资本论》里极严格地遵守了这个要求,即他给自己提出的任务是科学地分析资本主义社会形态,而当他证明了这个组织在我们眼前的实际发展具有什么样的趋势,这个组织必然会灭亡而转变为另一更高的组织时,他就结束了自己的分析。而米海洛夫斯基先生避而不谈马克思学说的全部实质,却提出他的"以后又怎样呢?"这个极其愚蠢的问题,并故作高深地补充说:"我应当坦白地承认,我不完全懂得恩格斯的答复。"但是,米海洛夫斯基先生,我们却应当坦白地承认,我们完全懂得这种"批评"的精神和手法!

或者再拿这样一段议论来说吧:"在中世纪,马克思所说的以自己劳动为基础的个人所有制,甚至在经济关系方面,既不是唯一的,也不是主要的因素。除它之外,还有许多其他的东西,但马克思所解释的辩证方法〈莫非是米海洛夫斯基先生所歪曲的辩证方法吗?〉却不主张研究这些东西…… 所有这些公式显然不能表现出历史现实的全貌,甚至也不能表现出它的局部情况,而只能满足人们喜欢把任何事物都想象为有它的过去、现在、将来的那种爱好。"米海洛夫斯基先生,甚至您的歪曲捏造的手法也单调得令人作呕!他在马克思的只求表述资本主义现实发展过程的公式①里,先偷偷塞进用三段式证明任何东西的意图,然后断定马克思的

---

① 马克思所以把中世纪经济制度的其他特征撇开不谈,是因为这些特征属于封建社会形态,而马克思研究的只是**资本主义**社会形态。资本主义发展过程,按其纯粹状态来说,确实是从分散的小商品生产者的制度和他们的个人劳动所有制开始的(例如在英国)。

公式不符合这个由米海洛夫斯基先生强加于它的计划（第三阶段恢复的只是第一阶段的**一个**方面,而把其余各方面略去了）,并随随便便地作出结论说:"这个公式显然不能表现出历史现实的全貌!"

同这样一个甚至不能（用恩格斯评杜林时所用的字眼）破例作出准确引证的人,难道可以进行严肃的论战吗？甚至不打算证明这个公式不对在哪里,就硬要大家相信这个公式"显然"不符合现实,难道这值得加以反驳吗？

米海洛夫斯基先生不去批评马克思主义观点的实际内容,却就过去、现在和将来三个范畴练习自己的机智。譬如说,恩格斯在反驳杜林先生的"永恒真理"时说,"今天向我们宣扬"三种道德,即基督教的封建的道德、资产阶级的道德和无产阶级道德,可见过去、现在和将来都有自己的道德论[①]。米海洛夫斯基先生就这一点说道:"我认为历史分期的一切三分法,正是以过去、现在和将来三个范畴为基础的。"多么深奥啊! 可是,谁不知道,考察任何一个社会现象的发展过程,总会在这个现象中发现过去的遗迹、现在的基础和将来的萌芽呢？譬如说,难道恩格斯曾想断言道德史（其实他谈的只是"现在"）只限于上述三个阶段吗？难道曾想断言封建道德以前没有奴隶制道德,奴隶制道德以前没有原始共产主义公社的道德吗？米海洛夫斯基先生不去认真批评恩格斯用唯物主义观点阐明现代各派道德思想的尝试,却拿最空洞的辞藻来款待我们!

米海洛夫斯基先生的"批评"一开始就声明他不知道在哪一

---

① 参看《马克思恩格斯全集》中文第 2 版第 26 卷第 98—99 页。——编者注

部著作里叙述过唯物主义历史观,说到这种"批评"手法,提一下这位作者曾经知道这些著作之一并对它作过比较正确的评价,也许不无益处。1877年米海洛夫斯基先生是这样评《资本论》的:"如果去掉《资本论》的笨重无用的黑格尔辩证法的盖子〈真是咄咄怪事!为什么在1877年"黑格尔辩证法"是"无用的",而在1894年唯物主义却成了依靠"辩证过程的无可争辩性"呢?〉,那么,不管这部著作其他长处如何,我们也能看出这部著作很好地研究了解决形式和它赖以存在的物质条件的关系这个总问题所必需的材料,并且为一定的领域很好地提出了这个问题。"所谓"形式和它赖以存在的物质条件的关系",也就是社会生活诸方面的相互关系问题,思想的社会关系是物质的社会关系的上层建筑的问题,唯物主义学说也就是对这个问题的一定的解决。我们再往下看吧:

"老实说,**全部《资本论》**〈黑体是我用的〉研究的是一经产生的社会形式怎样日益发展,怎样加强自己的典型特征,怎样使各种发现、发明、生产方式的改进、新的市场和科学本身从属于自己,使之同化,怎样迫使这些东西为自己服务,最后,这个形式又怎样经受不住物质条件的继续变化。"

真是变得叫人吃惊!在1877年,"全部《资本论》"是对一定社会形式的唯物主义的研究(难道唯物主义不正是以物质条件说明社会形式吗?),而在1894年,却甚至不知道在什么地方,在哪部著作里去找这种唯物主义的叙述了!

在1877年,《资本论》是"研究""这个形式〈即资本主义形式?可不是吗?〉怎样经受不住物质条件的继续变化"(请注意这点!);而在1894年却变成根本没有任何研究了,资本主义形式经受不住生产力的继续发展的信念"纯粹"维系在"黑格尔三段式的最末一环上"了! 在 1877 年,米海洛夫斯基先生写道:"对于这个社会形式和它赖以存在的物质条件的关系的分析,将**永远**〈黑体是我用的〉是这位作者的逻辑力量和渊博学识的纪念碑";而在 1894 年,他却宣称唯物主义学说在任何时候任何地方都没有经过科学的检验和论证!

真是变得叫人吃惊! 这究竟是怎么一回事呢? 发生了什么事情呢?

发生了两件事情:第一,70 年代的**俄国**农民社会主义,因为自由具有资产阶级性质而对自由"嗤之以鼻",曾同那些竭力掩盖俄国生活中的对抗性的"高头大额的自由派"作过斗争,而且幻想过农民革命,但现在它已经完全变质了,产生了庸俗的小市民的自由主义,这种自由主义认为农民经济的进步潮流给人以"振奋人心的印象",而忘记了这种潮流带来(和引起)的是农民大批地被剥夺;第二,在 1877 年,米海洛夫斯基先生以维护"热血志士"(即革命社会主义者)马克思不受自由派批评家的攻击为己任,而且是那样专心致志,竟没有发觉马克思的方法和他自己的方法互不相容。可是有人向他说明了辩证唯物主义和主观社会学之间的这个不可调和的矛盾,——恩格斯的文章和书就说明了这点,俄国社会民主党人也说明了这点(在普列汉诺夫的著作里往往可以看到对米海洛夫斯基先生非常中肯的批评),——而米海洛夫斯基先生却不去认真地重新考虑问题,反而索性放肆起来。他现在不是欢迎马克思(像他在 1872 年和 1877 年所表现的那样)**26**,而是躲在居心叵测的赞词后面向他乱吠,并且大叫大嚷地反对俄国马克思主义者,因为俄国马克思主义者不愿以"保护经济上的最弱者"为满足,不愿以货栈、农村改良、手工业博览馆和手工业劳动组合等等善良的小市民的进步办法为满足，而仍然想做"热血志士"，主张社会革命，要训练、领导并组织真正革命的社会分子。

讲了这一小段追述往事的插话以后，看来可以把分析米海洛夫斯基先生对马克思理论的"批评"的工作结束了。我们试把批评家的"理由"归纳起来作一总结。

他想要摧毁的学说，第一是依据唯物主义历史观的，第二是依据辩证方法的。

关于第一点，批评家首先说他不知道在哪部著作中叙述过唯物主义。他在任何地方都没有找到这种叙述，于是自己捏造一套什么是唯物主义。为了使人觉得这个唯物主义有过分的企求，他捏造说唯物主义者企求说明人类的全部过去、现在和将来；可是后来，批评家查阅了马克思主义者原来的声明，发现他们自己认为只是说明了一个社会形态，于是批评家就断定唯物主义者缩小了唯物主义的适用范围，说这样他们就自己打了自己的耳光。为了向人说明制定这个唯物主义的方法，他便捏造说唯物主义者自己都承认他们的知识不足以制定科学社会主义，虽然马克思和恩格斯只是承认（在1845—1846年）对经济史的知识不够，虽然他们从未刊印这部证明他们知识不够的著作。演了这样一些前奏之后，批评家就以如下的批评款待我们：《资本论》被推翻了，因为它只涉及一个时期，而批评家是需要各个时期的；因为《资本论》并不确立经济唯物主义，不过是涉及经济唯物主义。这些论据大概很有分量并且很重要，所以只得承认唯物主义从未被科学地论证过。接着又用这样一件事实来反驳唯物主义，说有一个与这个学说完全无关的人，完全在另外一个国家研究了史前时期，也得出了唯物主义的结论。其次，为了表明把子女生产扯到唯物主义上面去是完全不正确的，表明这不过是玩弄字眼，于是批评家就来证明经济关系是两性关系和家庭关系的上层建筑。这位严肃的批评家在这里为了教训唯物主义者所作的指点，使我们获得了一个深刻的真理：遗产制度非有子女生产不行，复杂的心理是同这子女生产的产品"结合着"的，子女是以父辈的精神来教育的。顺便我们也知道了民族联系就是氏族联系的延续和普遍化。批评家在继续他的关于唯物主义的理论钻研时，察觉到马克思主义者许多论据的内容都是说在资产阶级制度下群众遭受压迫和剥削是"必然"的，这个制度"必然"要转变为社会主义制度，于是他连忙宣称：必然性是个太一般的括弧（如果不说清楚人们究竟认为什么是必然的），因此，马克思主义者是神秘主义者和形而上学者。批评家还说，马克思同唯心主义者的论战是"单方面的"，可是只字不提这些唯心主义者的观点是怎样对待主观方法的，马克思的辩证唯物主义是怎样对待这些唯心主义者的观点的。

至于马克思主义的第二个基石——辩证方法，那只须这位大胆的批评家一推，就把它推翻了。而且这一下是推得很准的：批评家大卖气力来驳斥似乎用三段式可以证明什么东西的见解，可是闭口不谈辩证方法决不是三段式，不谈它恰恰是对社会学中的唯心主义方法和主观主义方法的否定。另一下是专推马克思的：批评家在奋勇的杜林先生的帮助下，把一个不可思议的胡说偷偷加在马克思头上，似乎马克思在用三段式证明资本主义灭亡的必然性，然后批评家就得意扬扬地来攻击这个胡说。

这就是"我国著名社会学家"的辉煌"胜利"的史诗！观察这些胜利，岂不是"大有教益"（布勒宁）吗？

这里还不能不涉及一点，这虽然与对马克思学说的批评没有直接关系,但对弄清楚批评家的理想和他对现实的理解,却是极为重要的。这就是他对西欧工人运动的态度。

上面已经引过米海洛夫斯基先生的说法,他说唯物主义在"科学"上(也许是在德国"人民之友"的科学上吧?)站不住脚,可是米海洛夫斯基先生又说,这个唯物主义"在工人阶级中间确实传播得很快"。米海洛夫斯基先生究竟怎样解释这个事实呢? 他说:"至于经济唯物主义在所谓横的方面获得成就,即它以未经批判地检验过的形式广为传播,那么,这种成就并不是侧重于科学方面,而是侧重于未来的远景所确定的日常生活实践方面。"未来的远景所"确定"的实践这一拙劣词句的意思,不外是说唯物主义所以得到传播,不是因为它正确地说明了现实,而是因为它离开这个现实,转到远景方面去了。接着又说:"这种远景对领会它的德国工人阶级所要求的,对热情关心德国工人阶级命运的人们所要求的,既不是知识,也不是批判的思考。它要求的只是信仰。"换句话说,唯物主义和科学社会主义所以能广为传播,是因为这个学说答应给工人们一个美好的未来! 可是,只要稍微知道一点社会主义和西欧工人运动的历史,就可看出这种解释是极端荒谬和虚伪的。谁都知道,科学社会主义其实从未描绘过任何未来的远景,它仅限于分析现代资产阶级制度,研究资本主义社会组织的发展趋势,如此而已。马克思早在 1843 年就写道:"我们并不向世界说:'停止你那些斗争吧,它们都是愚蠢之举';我们要向世界喊出真正的斗争口号。我们只向世界指明它究竟为什么而斗争,而意识则是世界**必须**具备的东西,不管世界愿意与否"[1],并且马克思严

---

[1] 见《马克思恩格斯文集》第 10 卷第 9 页。——编者注

格地执行了这个纲领。谁都知道,例如《资本论》这部叙述科学社会主义的主要的和基本的著作,对于未来只是提出一些最一般的暗示,它考察的只是未来的制度所由以长成的那些现有的因素。谁都知道,在未来的远景方面,从前的社会主义者所写的东西多得多,他们极详细地描绘了未来的社会,想以这种制度的美景吸引人类,说那时人们不需要有斗争,那时人们的社会关系不是建立在剥削上,而是建立在合乎人的本性条件的真正进步原则上。尽管有一大批叙述过这种思想的极有才华的人物和坚定不移的社会主义者,然而,只要大机器工业还未把工人无产阶级群众卷入政治生活的漩涡,只要工人无产阶级斗争的真正口号还未发现,他们的理论始终是脱离生活的,他们的纲领始终是脱离人民的政治运动的。发现这个口号的是马克思,是很久以前(1872年)曾被米海洛夫斯基先生评为"不是空想主义者,而是严肃的有时甚至是枯燥的学者"的马克思。马克思发现这个口号,根本不是靠指出什么远景,而是靠科学地分析现代资产阶级制度,说明在这个制度下剥削的**必然性**,探讨这个制度的发展规律。米海洛夫斯基先生当然可以对《俄国财富》杂志的读者武断地说,领会这种分析既不需要知识,也不需要思考,可是,我们已经看出他本人对这种分析所探明的起码真理一窍不通(我们将会看到,他那位经济学家同事[27]更是如此),所以他的这种说法自然只能使人付之一笑。不容置辩的事实是:资本主义大机器工业在什么地方和什么程度上发展起来,工人运动也就在什么地方和什么程度上展开和发展起来;社会主义学说正是在它抛弃了关于合乎人的本性的社会条件的议论,而着手唯物主义地分析现代社会关系并说明现在剥削制度的必然性的时候取得成就的。

米海洛夫斯基先生企图回避唯物主义在工人中间取得成就的

真正原因，其手法是对这个学说如何对待"远景"作了与事实真相根本不符的介绍，现在他又开始用最庸俗的小市民的方式来嘲弄西欧工人运动的思想和策略。正如我们所看到的，他实在举不出一个理由来反对马克思关于资本主义制度因劳动社会化而必然转变为社会主义制度的论据，可是他却非常放肆地讥讽说，"无产者大军"正在准备剥夺资本家，"随后任何阶级斗争都会停止，天下就会太平，人间就会幸福"。他，米海洛夫斯基先生，知道一条比这简单得多和正确得多的实现社会主义的道路：只要"人民之友"更详细地指出"明白的和确定不移的"实现"合乎心愿的经济演进"的道路，那时这些人民之友就一定会"被召去"解决"实际经济问题"（见《俄国财富》杂志第 11 期尤沙柯夫先生《俄国经济发展问题》一文），可是暂时……暂时工人还应当等待一下，应当指望人民之友，不要抱着"没有根据的自信心"来独立进行反对剥削者的斗争。我们这位作者想彻底摧毁这种"没有根据的自信心"，就声色俱厉地痛斥"这个几乎可以容纳在袖珍词典里的科学"。的确，这还了得：科学居然是只值几文钱的可以放在口袋里的社会民主主义小册子！！有些人只是因为科学教导被剥削者独立进行争取自身解放的斗争，教导他们拒绝任何掩盖阶级对抗并想独揽一切的"人民之友"，才重视科学，因而才用庸人们觉得有失体面的廉价出版物叙述这个科学。请看，这些人盲目自信到了何等地步！如果工人把自己的命运交给"人民之友"，那就会是另一回事了，那时，"人民之友"就会拿出真正的、大部头的、学院式的和庸人的科学给他们看，就会把合乎人的本性的社会组织详细地介绍给他们，只要……工人们同意等待，不抱着这种没有根据的自信心自己起来斗争就行了！

———

米海洛夫斯基先生的"批评"的第二部分,已经不是反对马克思的理论,而是专门反对俄国社会民主党人。在谈这一部分以前,我们必须稍微离开一下本题。原来,米海洛夫斯基先生,正如他在批评马克思时不但没有打算确切地叙述马克思的理论,反而完全歪曲了这个理论一样,他对俄国社会民主党人的思想也是肆无忌惮地加以歪曲。必须恢复真相。要做到这一点,最方便的办法是把俄国从前的社会主义者的思想同社会民主党人的思想对照一下。讲到前一种思想时,我且借用一下米海洛夫斯基先生在1892年《俄国思想》杂志[28]第6期上发表的文章,他在这篇文章里也谈到马克思主义(并且——说来会使他惭愧——是以庄重口气谈到的,没有涉及那些只有按布勒宁方式才能在受检查的刊物上谈论的问题,也没有污蔑马克思主义者),并且是同马克思主义对立地——如果不是对立地,至少也是同它平行地——叙述了自己的观点。我当然丝毫不想侮辱米海洛夫斯基先生,就是说,不想把他算做社会主义者,也丝毫不想侮辱俄国社会主义者,把他们和米海洛夫斯基先生同等看待:我只是认为他们和他的**论证程序**实质上是一样的,差别只在于信念的坚定、率直和一贯的程度有所不同而已。

米海洛夫斯基先生在叙述《祖国纪事》杂志的思想时写道:"我们向来把土地属于耕作者和劳动工具属于生产者作为道德的政治的理想。"出发点看来是极其善意的,充满了极其善良的愿望…… "我国还存在着的中世纪劳动形式①已大大动摇了,但我

———

① 作者在另一地方解释道:"所谓中世纪劳动形式,指的不仅是村社土地占有制、手工业和劳动组合组织。所有这些无疑都是中世纪形式,但土地或生产工具属于劳动者的种种形式也应当算做中世纪形式。"

们看不出有什么理由来完全取消这些形式,以迎合任何一种学说,不管是自由派的还是非自由派的。"

真是奇怪的议论!要知道,无论什么"劳动形式",只在它被别的什么形式代替时才会动摇;而我们的这位作者甚至没有(而且他的同道中也没有一个人)打算去分析和说明这些新形式,以及弄清旧形式被这些新形式排挤的原因。更奇怪的是这段议论的第二部分:"我们看不出有什么理由来取消这些形式,以迎合一种学说。""我们"(即社会主义者,——请看上述附带说明)拥有什么手段来"取消"劳动形式,即改造社会各成员之间的生产关系呢?难道根据一种学说来改造这些关系的想法不是荒谬的吗?我们再听下去:"我们的任务并不是一定要从本民族内部培育出一种'独特的'文明,但也不是要把西方文明连同一切腐蚀它的矛盾整个儿搬到我们这里来:必须尽可能从各处采纳长处,至于长处是自己的或别人的,那已不是原则问题,而是实际上方便不方便的问题。看来,这是这样简单明了,简直没有什么可说的。"的确,这是多么简单啊!从各处"采纳"长处,于是万事大吉!从中世纪形式中"采纳"生产资料归劳动者所有,而从新形式(即资本主义形式)中"采纳"自由、平等、教育和文化。所以没有什么可说的!社会学中的主观方法在这里了如指掌:社会学从空想——土地属于劳动者所有——开始,并指出实现合乎心愿的事情的条件:从四面八方"采纳"长处。这位哲学家纯粹形而上学地把社会关系看做是这些或那些制度的简单的机械的组合,看做是这些或那些现象的简单的机械的联结。他从这些现象中抽出一种现象,即中世纪形式中土地属于耕作者的现象,以为可以把它移植到任何别的形式中去,就像一所房子上的砖可以砌到另一所房子上一样。但这不是在研究社会关系,而是糟蹋应该研究的材料,因为在现实中这种土地属于耕作者的现象,并非像你所设想的那样单独和独立地存在着,这不过是当时生产关系中的一个环节,这种生产关系就是:土地为大土地占有者即地主所瓜分;地主把这种土地分给农民,以便剥削他们,于是土地好像是实物工资,它为农民提供必需品,使农民能够为地主生产剩余产品;它是一种使农民为地主服劳役的手段。为什么作者没有考察这种生产关系体系,而只抽出一种现象,因而使这种现象完全被歪曲了呢? 这是因为作者不善于考察社会问题:他(再说一遍,我把米海洛夫斯基先生的议论只是当做例子,来批评**整个俄国社会主义**)根本没有打算**说明**当时的"劳动形式",把这些形式看做一定的生产关系体系,看做一定的社会形态。用马克思的话来说,他根本不懂得辩证方法,而辩证方法要我们把社会看做活动着和发展着的活的机体。

他根本没有想到旧劳动形式被新劳动形式排挤的原因问题,于是在谈论这些新形式时便重复着完全同样的错误。在他看来,只要指出这些形式"动摇着"土地属于耕作者的制度(总的说来,就是生产者和生产资料分离)并斥责这多么不符合理想就够了。他的议论又是十分荒谬的:他抽出一种现象(土地被剥夺),却没有把它当做以**商品经济**为基础的另一种生产关系体系的组成部分,而商品经济则必然引起商品生产者之间的竞争,造成不平等,使一部分人破产和另一部分人发财。他指出了多数人破产的现象,却忽略了少数人发财的现象,从而使自己既不能了解前者,也不能了解后者。

他把这种手法居然还叫做"寻求有血有肉的生活问题的答案"(1894年《俄国财富》杂志第1期),实则恰恰相反,他不能也不愿说明现实和正视现实,于是可耻地避开有产者反对无产者这样的生活问题,而躲入天真的空想领域中去;他把这叫做"寻求理想地处理迫切复杂的现实生活问题的答案"(《俄国财富》杂志第1期),实则他根本没有打算去分析和说明这一真正的现实。

他没有这样做,而是从各个不同的社会形态中毫无意思地抽出个别要素,从中世纪社会形态中抽出这个,从"新"社会形态中抽出那个,如此等等,然后用这些东西给我们臆造了一个乌托邦。显然,建立在这上面的理论,不能不与现实的社会演进相脱离,原因很简单:我们的空想社会主义者不得不在其中生活和活动的,并不是由这儿那儿采纳来的要素构成的社会关系,而是决定农民和富农(善于经营的农夫)、手工业者和包买主、工人和厂主之间关系的社会关系,这些社会关系是我们的空想主义者所完全不了解的。他们想按自己的理想来改造这些他们所不了解的社会关系的企图和努力不能不遭到失败。

在"诞生了俄国马克思主义者"的时候,社会主义问题在俄国的情形,概括说来就是如此。

俄国马克思主义者正是从批评以前的社会主义者的主观方法开始的;他们不以指出和斥责剥削现象为满足,他们力求**说明**这种现象。他们看见俄国改革[29]后的全部历史是多数人破产和少数人发财的历史,目睹小生产者的大量遭受剥夺与普遍的技术进步同时存在,发现商品经济在什么地方和什么程度上发展并巩固起来,这两个绝对相反的潮流就在什么地方和什么程度上产生和加强起来,所以他们不能不得出结论说,他们所遇见的是**必然**使大众遭受剥夺和压迫的资产阶级的(资本主义的)社会经济组织。这一信念直接决定了他们的实践纲领。这个纲领归结起来就是加入无产阶级反对资产阶级的斗争,加入无产者阶级反对有产者阶级的斗争,这个斗争是俄国从最偏僻的乡村到最新式完善的工厂的经济现实的主要内容。怎样加入呢？答案又是由现实本身提示给他们的。资本主义已使主要工业部门达到大机器工业的阶段;它从而使生产社会化了,造成了新制度的物质条件,同时造成了新的社会力量——工厂工人阶级,即城市无产阶级。虽然这个阶级遭受的资产阶级剥削,按经济实质来说,和俄国全体劳动群众遭受的剥削是同样的,但是这个阶级在谋求自身解放这个方面却具有特别有利的条件:它同完全建立在剥削上面的旧社会已经没有丝毫联系;它的劳动条件和生活环境本身就把它组织起来,迫使它开动脑筋,使它有可能走上政治斗争的舞台。社会民主党人自然是把自己的全部注意力和一切希望寄托在这个阶级身上,把自己的纲领归结为发展这个阶级的阶级自觉,把自己的全部活动都用来帮助这个阶级起来进行反对现代制度的直接政治斗争,并吸引俄国全体无产阶级投入这个斗争。

————

现在我们来看看米海洛夫斯基先生是怎样攻击社会民主党人的。他用什么来反对他们的理论观点,反对他们的社会主义政治活动？

马克思主义者的理论观点被批评家说成下面的样子:

似乎马克思主义者说过,"真理在于:按照历史必然性的内在规律,俄国一定会使具有一切内部矛盾和大资本吞并小资本的资本主义生产发展起来,而脱离土地的农夫一定会变成无产者,一定会联合起来,一定会社会化,于是万事大吉,幸运的人类就可坐享其成了"。

请看,马克思主义者对现实的理解同"人民之友"毫无区别,只是对未来的想法有所不同:他们大概完全不注重现在,而只注重"远景"。米海洛夫斯基先生的意思就是这样,这是毫无疑义的,因为他说,马克思主义者"完全相信,他们对未来的预见没有一点空想成分,一切都是按照严格科学的训条衡量过的";最后说得更加明白:马克思主义者"信仰并信奉抽象历史公式的不可变易性"。

总之,这是对马克思主义者的最陈腐最庸俗的责难,这种责难是所有那些丝毫不能从实质上反驳马克思主义者观点的人早已用过了的。"马克思主义者信奉抽象历史公式的不可变易性"!!

这完全是撒谎和捏造!

从来没有一个马克思主义者在什么地方论证过:俄国"应当有"资本主义,"因为"西欧已经有了资本主义,等等。从来没有一个马克思主义者认为马克思的理论是一种必须普遍遵守的历史哲学公式,是一种超出了对某种社会经济形态的说明的东西。只有主观哲学家米海洛夫斯基先生才会这样不了解马克思,竟然认为马克思准有某种一般哲学的理论;因此他从马克思那里得到了一个十分明确的解答:他是找错人了。从来没有一个马克思主义者不是根据理论符合一定的即俄国的社会经济关系的现实和历史这一点,而是根据别的什么来论证自己的社会民主主义观点的,而且他们也不能根据别的什么来论证自己的这种观点,因为"马克思主义"的创始人马克思自己就十分明确地说过对理论的这种要求,并且以此作为全部学说的基础。

当然,米海洛夫斯基先生可以任意反驳这些话,说他"亲耳"听到的恰恰是信奉抽象的历史公式。可是,就算米海洛夫斯基先生真从他的交谈者口里听到各种荒谬的胡说,那与我们社会民主党人或其他任何人又有什么相干呢? 这除了证明他很幸运地挑中了自己的交谈者,还能证明什么呢? 当然,很可能这位机智哲学家的这些机智交谈者自称是马克思主义者、社会民主党人等等,可是,谁不知道现在(这早已被人看出)任何一个坏蛋都喜欢穿上"红"衣服呢?① 如果米海洛夫斯基先生如此明达,竟不能把这种"乔装者"和马克思主义者辨别清楚,或者说,如果他如此深知马克思,竟没有看出马克思十分着重提出的这个衡量他的全部学说的标准(把"我们眼前发生的现象"表述出来),那不过又证明米海洛夫斯基先生并不聪明而已。

不管怎样,他既然在报刊上开始同**社会民主党人**论战,他就应当针对这样一批社会主义者,他们早已用这个名称,而且只有他们用这个名称,所以决不能把别人同他们混淆起来,而且他们有自己的著作界代表——普列汉诺夫和他的小组**30**。如果他这样做了,——显然,任何一个稍微正派的人都应当这样做,——并且读过第一本社会民主主义著作,即普列汉诺夫的《我们的意见分歧》一书,那么,他在头几页上就会看到作者以小组全体成员名义所写的那个毫不含糊的声明:

"我们决不想用一个伟大名字的威望〈即马克思的威望〉来庇护自己的纲领。"米海洛夫斯基先生,您懂俄文吗? 您懂得信奉抽象公式和判断俄国的事情上不靠马克思的任何威望这两者之间的区别吗?

---

① 我写这段话是假定米海洛夫斯基先生确实听到有人说过信奉抽象的历史公式,他一点也没有撒谎。但我认为他绝对需要就此附带声明一句:我是人云亦云而已。

您把有幸偶尔从您的交谈者那里听来的断语,当做马克思主义者的断语,而把社会民主党的一位卓越成员以整个团体名义在刊物上发表的声明置之不理,您懂不懂您这样做是不老实呢?

往下还有更加明确的声明:

普列汉诺夫说:"我再说一遍,在最彻底的马克思主义者之间,在估计当代俄国现实的问题上可能发生意见分歧";我们的学说是"运用这个科学理论来分析极其错综复杂的社会关系的初次尝试"。

看来,这说得再明白不过了:马克思主义者从马克思的理论中,无疑地只是借用了宝贵的方法,没有这种方法,就不能阐明社会关系,所以他们在评判自己对社会关系的估计时,完全不是以抽象公式之类的胡说为标准,而是以这种估计是否正确和是否同现实相符合为标准的。

或许,你们以为作者在作这样的声明时,实际上所说的是另外一回事吧?但这是不对的。他当时要回答的问题是:"俄国是不是应当经过资本主义发展阶段?"可见这个问题完全不是按马克思主义的方法,而是按我国各种哲学家的主观方法提出的,这些哲学家或者是把长官的政策,或者是把"社会人士"的活动,或者是把"适合人的本性的"社会理想一类的胡说,当做这种应当不应当的标准。现在要问,如果是一个信奉抽象公式的人,那会怎样回答这类问题呢?他大概会谈辩证过程的无可争辩性,马克思理论的一般哲学意义,每个国家经过某某阶段的不可避免性,如此等等。

而普列汉诺夫是怎样回答的呢?

他是像马克思主义者只能回答的那样回答的:

他把应当不应当这个无聊的、只能使主观主义者发生兴趣的问题完全撇在一边,始终只谈现实的社会经济关系,只谈这些关系的现实演进。因此,他没有直接回答这个提得不正确的问题,而是回答说:"俄国**已经走上了**资本主义道路。"

米海洛夫斯基先生却装做行家的样子,大谈什么信奉抽象的历史公式、必然性的内在规律等等荒诞无稽的鬼话! 而且把这叫做"对社会民主党人的论战"!!

我真不懂,如果他是论战家,那谁又是空吠者呢?!

谈到米海洛夫斯基先生上述那段言论时,还不能不指出:他把社会民主党人的观点叙述成这样,似乎他们认为"俄国**一定会使它自己的**资本主义生产**发展**起来"。显然,在这位哲学家看来,俄国还没有"它自己的"资本主义生产。这位作者想必赞成俄国资本主义只包括150万工人的看法,——我们在下面还会碰到我国"人民之友"的这种幼稚思想,他们把其余一切剥削自由劳动的现象不知归到哪里去了。"俄国一定会使具有一切内部矛盾的资本主义生产发展起来,而脱离土地的农夫一定会变成无产者。"真是越说越糟! 这样说来,岂不是俄国就没有"内部矛盾"了吗? 直截了当地说,也就是没有一小撮资本家对人民大众的剥削了吗? 没有大多数居民破产和一小撮人发财了吗? 农夫还只是将要脱离土地吗? 试问,俄国改革后的全部历史是什么呢? 不正是农民大量遭到剥夺,其强度是世所未见的吗? 该有多大的勇气才能当众说出这种话来。而米海洛夫斯基先生却有这种勇气说:"马克思谈的是现成的无产阶级和现成的资本主义,而我们还需要创造无产阶级和资本主义。"俄国还需要创造无产阶级?! 在俄国,只有在俄国,才能看到群众穷得走投无路,劳动者横遭剥削,它的贫民生活状况往往被拿来同英国相比(而且比得合情合理);千百万人民忍饥挨饿是经常的现象,而粮食输出却在日益增加。在这样的俄国,竟没有无产阶级!!

我认为,为了这些经典式的词句,应当给健在的米海洛夫斯基先生建立一座纪念碑!①

不过我们在下面还会看到,"人民之友"惯用的策略,就是假装看不见俄国劳动者痛苦不堪的状况,硬说这种状况仅仅有点"不大稳定",只要"文化界"和政府作些努力,就可以把一切引上正道。这些骑士们以为只要他们闭眼不看劳动群众状况所以不好,并不是因为这个状况"不大稳定",而是因为劳动群众遭受一小撮剥削者的最无耻的掠夺,只要他们像鸵鸟一样把脑袋藏起来,不看这些剥削者,那么,这些剥削者就会消失。社会民主党人告诉他们,这是不敢正视现实的可耻的怯懦心理。社会民主党人把这一剥削事实作为出发点,并说这一事实只能用俄国社会的资产阶级组织把人民大众分裂为无产阶级和资产阶级来解释,只能用俄罗斯国家这个无非是资产阶级统治机关的阶级性质来解释,因此,**唯一出路**就是无产阶级对资产阶级进行阶级斗争。当社会民主党人对他们这样说的时候,这些"人民之友"就大哭大叫起来,说社会民主党人想使人民丧失土地!!想破坏我国人民经济组织!!

我们现在来谈谈这至少是不体面的全部"论战"中最令人愤慨的地方,就是米海洛夫斯基先生对社会民主党人的政治活动的

---

① 不过,米海洛夫斯基先生在这里也许还要试图抵赖,说他决不是想说俄国根本没有无产阶级,而只是想说俄国没有资本主义的无产阶级吧? 是不是? 那您为什么不把这一点说出来呢? 其实**全部问题**就在于:俄国无产阶级究竟是资产阶级社会经济组织所特有的无产阶级呢,还是别的什么无产阶级? 既然您在整整两篇文章中对这个最关紧要和重大的问题**只字**不提,宁肯胡说八道,乱扯一通,那又该怪谁呢?

"批评"（？）。谁都懂得，社会主义者和鼓动家在工人中间的活动不能在我国的合法报刊上开诚布公地讨论，受检查的正派报刊在这方面唯一能够做到的就是"保持应有的缄默"。米海洛夫斯基先生忘记了这个起码的规矩，恬不知耻地利用他对读者说话的垄断权来诬蔑社会主义者。

不过，就是不利用合法报刊，也会有办法来对付这个放肆无礼的批评家的！

米海洛夫斯基先生故作天真地说道："据我所知，俄国马克思主义者可以分为三类：旁观的马克思主义者（他们是过程的旁观者）、消极的马克思主义者（他们只"减轻分娩的痛苦"。他们"对种地的人不感兴趣，而把注意力和希望放在那些已经失去生产资料的人的身上"）和积极的马克思主义者（他们公然主张使农村进一步破产）。"

这是什么话?！俄国马克思主义者是以这样一种对现实的看法为出发点的社会主义者，即他们认为现实是资本主义社会，而摆脱这个社会的唯一出路就是无产阶级对资产阶级进行阶级斗争，这难道批评家先生不知道吗？他究竟用什么办法，根据什么理由，把他们同那种荒唐的庸俗见解混为一谈呢？他有什么权利（当然是道义上的权利）把马克思主义者这个名词用于那些显然不接受马克思主义最起码的基本原理的人，用于那些从来没有在任何地方以一个单独团体的名义发表过意见、从来没有在任何地方提出过任何一种单独纲领的人呢？

米海洛夫斯基先生给自己留下了很多后路，来为这种恶劣手法作辩护。

他用上流社会纨绔子弟的轻浮态度讥讽说："也许这不是一

些真正的马克思主义者,但他们却自认为是并宣布自己是马克思主义者。"在什么地方什么时候宣布的呢? 在彼得堡的自由派和激进派的沙龙里吗? 在私人的书信里吗? 就算是这样吧。那就请您在自己的沙龙里,在自己的通信中去同他们交谈吧! 可是要知道您是在报刊上公开地反对那些在任何时候和任何地方都没有公开(在马克思主义旗帜下)发表过意见的人的。而且您明知道只有**一个**社会主义革命者团体用这个名称,不能把别的什么人同这个团体混为一谈,您却敢宣称您是在同**社会民主党人**论战!①

米海洛夫斯基先生像一个被揭发了的学生那样躲躲闪闪,拼命向读者证明说:这与我毫不相干,我是"亲耳听到,亲眼看到"的。真是妙极了! 我们乐于相信在您眼里除庸人和坏蛋外,没有别的人,但这与我们社会民主党人有什么相干呢?"在现时",在不仅社会主义的活动,而且任何稍许独立的和正直的社会活动都要招来政治迫害的时候,有一个在这一或那一旗帜(民意主义**31**、马克思主义、或者甚至是立宪主义的旗帜)下真正工作的人,就会有几十个假借这种名义来掩饰其自由派怯懦心理的清谈家,也许还会有几个简直是专谋私利的卑鄙家伙,这谁不知道呢? 只有最

---

① 我现在来谈谈米海洛夫斯基先生举出的一个**事实**。凡是读过他文章的人都会承认,他把斯克沃尔佐夫先生(《饥荒的经济原因》的作者)也列为"马克思主义者"。可是,这位先生本人并不这样称呼自己。只要对社会民主党人的著作有最起码的了解就可以知道,在社会民主党人看来,这位先生不过是一位极庸俗的资产者罢了。他不懂得,他为之拟定进步方案的社会环境是资产阶级的环境,因此连农民经济中确实可以觉察到的一切"技术改良",也都是资产阶级的进步,是改善少数人状况而使多数人变成无产者,——既然如此,那他算是什么马克思主义者! 他既然不懂得他对之提出方案的国家是一个只能拥护资产阶级和压迫无产阶级的阶级国家,那算是什么马克思主义者!

卑鄙龌龊的家伙,才会把各种肮脏分子玷污了(而且是不声不响地)其中某一派的旗帜这一事实拿来归罪于这一派,这难道还不明白吗?米海洛夫斯基先生的全部叙述从头到尾都是曲解、歪曲和捏造。我们在上面已经看见,社会民主党人作为出发点的那些"真理",被他完全歪曲了,被他说成另外一个样子,其实任何一个马克思主义者在任何地方和任何时候都没有那样叙述过,而且也不可能那样叙述。如果他叙述了社会民主党人对俄国现实的真正见解,他就不能不知道:能与这种见解"相适应的"**只有一种方法**,那就是促进无产阶级的阶级自觉的发展,组织并团结无产阶级进行反对现代制度的政治斗争。可是他还留了一手。他装着受了委屈的样子,伪善地指天誓日,并油滑地说:"我很乐意听到这点,但我不懂你们抗议的是什么。"(他在《俄国财富》杂志第 2 期上就是这样说的)"你们仔细读读我对消极的马克思主义者的评论,就会知道我是说:从伦理观点看来,没有什么可反驳的。"

这当然不过是再次搬出从前那些可怜的遁词而已。

请你们说说,你们会把这样一个人的行为叫做什么:他说他在批评社会革命民粹派(另外一种民粹派还未出现,——我是拿这样一个时期来说的),同时却说出下面一类的话:

"据我所知,民粹主义者分三类:第一是彻底的民粹主义者,他们完全接受农夫的思想,完全按照农夫的愿望把笞刑和打老婆的风气普遍化,总之是奉行皮鞭刑棍政府的万恶政策,这种政策也曾叫做人民政策;其次是胆怯的民粹主义者,他们并不关心农夫的意见,只是企图通过结社之类的方法,把不合俄国国情的革命运动搬到俄国来,——可是,假如不是道路很滑,容易使胆怯的民粹主义者滚向彻底的民粹主义者或勇敢的民粹主义者的话,从伦理观点看来,是没有什么可反驳的;最后是勇敢的民粹主义者,他们在充分地实现善于经营的农夫的人民理想,因而去耕田种地,以便过十足的富农生活。"一切正派的人当然会把这叫做卑鄙庸俗的嘲弄。假如说这种话的人不能在同一报刊上受到民粹主义者的驳斥,假如这些民粹主义者的思想至今只是秘密地叙述过,因此,许多人对于这种思想都没有一个确切的了解并容易相信关于民粹主义者的任何一种说法,那么,大家都会同意这种人是……

不过,也许米海洛夫斯基先生自己还没有完全忘记这里应当安上一个什么字眼。

———

然而,已经够了!米海洛夫斯基先生的诸如此类的诽谤还有很多,可是,我不知道还有哪种工作会比在这污泥浊水中折腾,把散在各处的暗示收集起来加以比较,从中找出哪怕是一条稍微像样的反驳意见,更加讨厌,更加徒劳,更加吃力的了。

够了!

1894 年 4 月

# 出版者说明[32]

在本文中,读者会看到有些脚注指出要对某些问题作进一步的分析,但实际上却见不到这种分析。

原因在于本文仅仅是对《俄国财富》杂志论马克思主义的文章所作的答复的第一部分。由于时间紧迫,本文未能及时出版,可是我们认为不能再拖下去,因为我们已经耽误两个月了。所以,我们决定不等全文印完就先出版对尼·米海洛夫斯基先生的"批评"的分析。

在正在准备的第二版和第三版中,除了本文所作的分析外,读者还会看到对《俄国财富》杂志其他头目谢·尤沙柯夫和谢·克里文柯两位先生的社会经济观点所作的分析,以及对俄国经济现实的概述和由此而来的"社会民主党人的思想和策略"。

# 本 版 说 明[33]

本版完全是照初版翻印的。我们根本没有参加本文的撰述，因此，我们认为自己无权作任何改动，只是担任出版工作。我们出这一版的动机，是相信本书会使我们社会民主主义的宣传在一定程度上活跃起来。

我们认为，为这一宣传事业服务的志愿，应当是社会民主主义信念的必然结果，所以，我们建议一切与本书作者志同道合的人，用一切方法（当然，特别是用翻印的方法）予以协助，使本书和一切马克思主义宣传刊物尽量得到广泛的传播。现在的时机特别便于进行这种协助。《俄国财富》杂志的活动越来越具有向我们挑战的性质。这个杂志为了要阻止社会民主主义思想在社会上的传播，竟公然诬称我们漠视无产阶级利益和主张使大众破产。我们肯定地认为，这个杂志采用这种手段，只会有损于自己而促成我们的胜利。然而不应忘记，诽谤家拥有一切物质手段来广泛散布他们的诽谤。他们拥有每期印数几千份的杂志；阅览室和图书馆也在为他们效劳。因此，为了向我们的敌人证明特权地位的有利条件并非总能保证诋毁得逞，我们就应该尽我们的一切努力。我们深信大家是会作这种努力的。

1894 年 7 月

# 第　三　编

　　最后,我们还要和一位"人民之友"克里文柯先生认识认识,他也是公开同社会民主党人作战的。

　　不过,我们将不像对待米海洛夫斯基和尤沙柯夫两位先生那样去分析他的文章(1893年第12期的《论文化孤士》和1894年第1期的《途中来信》)。在前面,把这两位先生的文章全部加以分析是必要的,因为分析前者才能明白他们对唯物主义和马克思主义的反驳的内容,分析后者才能明白他们的政治经济学理论。现在我们来看看他们的策略、他们的实际建议、他们的政治纲领,以便对"人民之友"有一个完全的了解。他们在任何地方都没有像叙述他们的理论观点那样直截了当地、彻底地和充分地叙述过这个纲领。因此,我不得不从这个杂志的不同的文章中摘出这个纲领,好在这个杂志的撰稿人的意见相当一致,不会有什么矛盾。我将多引克里文柯先生的上述两篇文章而少引其他文章,因为这两篇提供的材料比较多,作者又是这个杂志的典型的实践家、政治家,正像米海洛夫斯基先生是这个杂志的典型的社会学家,尤沙柯夫先生是这个杂志的典型的经济学家一样。

　　但是,在讲到他们的纲领以前,无疑有必要再谈谈他们的一个理论见解。前面我们已经知道,尤沙柯夫先生常用什么人民租佃

Выпускъ III.

ЧТО ТАКОЕ „ДРУЗЬЯ НАРОДА"

и

КАКЪ ОНИ ВОЮЮТЪ ПРОТИВЪ

СОЦІАЛ – ДЕМОКРАТОВЪ.

Сентябрь 1894

Изданіе
провинціальной группы
соціал-демократовъ

1894 年列宁《什么是"人民之友"以及他们如何攻击
社会民主党人？》一书胶印本第 3 编封面

能维持人民经济之类的空话来支吾搪塞,以此掩盖自己对我国农民经济的无知。他没有涉及手工业,只是引了一些说明大工厂工业增长的资料。现在克里文柯先生谈到手工业时,也完全是重复类似的词句。他把"我国人民工业"即手工业同资本主义工业完全对立起来(第 12 期第 180—181 页)。他说:"人民生产〈原文如此!〉多半是自然地产生的",而资本主义工业"往往是人为地造成的"。在另一处,他把"小的人民工业"同"资本主义大工业"对立起来。如果你问前者的特点究竟是什么,那你只会听到:它是"小的"①,劳动工具是同生产者结合的(后一定义是我从米海洛夫斯基先生的上述文章里借用的)。可是要知道,这远没有说明它的经济组织,而且是完全不正确的。例如,克里文柯先生说:"直到今天,小的人民工业提供的总产量还比资本主义大工业多得多,而且占用的人手也更多。"作者显然指的是关于手工业者人数的资料,他们达 400 万人,按另一种计算则达 700 万人。可是,谁不知道我国手工业经济的主要形式是家庭手工制大生产呢?谁不知道大量手工业者在生产中决不是处于独立地位而是处于完全受支配的从属地位,他们做工不是使用自己的材料而是使用只付给手工业者工资的商人的材料呢?说明这种形式占主要地位的资料,甚至在合法书刊上也引用过。例如,拿著名的统计学家谢·哈里佐勉诺夫登在《法学通报》杂志[34](1883 年第 11 期和第 12 期)上的一篇出色文章来说吧。谢·哈里佐勉诺夫在综合书刊上有关我国手工业最发达的中部各省的手工业资料时,得出的结论是家庭手

---

① 还可听到的只是:"它可以发展成真正的〈原文如此!〉人民工业",——克里文柯先生说。这是"人民之友"的惯用手法:只讲些空洞无聊的话,而不是确切地和直截了当地说明现实。

工制大生产占绝对优势,也就是说,无疑是资本主义的工业形式占绝对优势。他说:"在确定独立的小工业的经济作用时,我们得出这样的结论:在莫斯科省手工业的全年周转额中,家庭手工制大生产占86.5%,独立的小工业只占13.5%。在弗拉基米尔省的亚历山德罗夫县和波克罗夫县的手工业的全年周转额中,家庭手工制大生产和工场手工业占96%,独立的小工业只占4%。"

据我所知,没有人打算推翻这些资料,而且也不能推翻。试问,怎么能避而不谈这些事实,称这种工业是和资本主义工业相反的"人民"工业,并说它可能发展成真正的"人民"工业呢?

这种公然无视事实的态度只能有一种解释:"人民之友"也和俄国一切自由派一样,他们总的倾向是掩盖俄国的阶级对抗和对劳动者的剥削,把这一切说成不过是些"缺点"。话又说回来,也许还另有原因,那就是他们对问题有克里文柯先生那种深刻的认识,克里文柯先生竟把"巴甫洛沃的刀类生产"叫做"半手艺性质的生产"。"人民之友"把事情歪曲到这种程度,真是罕见!巴甫洛沃的刀匠既是为市场生产而不是做订货怎能说是手艺性质呢?莫非克里文柯先生把商人为了运货到下诺夫哥罗德的集市而向手工业者订货这样的制度算做手艺?这未免太可笑了,但他的意思想必就是这样。

其实,生产者具有(表面)独立性的小手工业形式在刀类生产中保留得最少(同巴甫洛沃的其他生产比较起来)。尼·费·安年斯基说:"餐刀和工具刀的生产①已同工厂生产很相近,正确些

---

① 这是刀类生产中一个最大的部门,产值为90万卢布,而巴甫洛沃的刀类生产总值为275万卢布。

说,已和工场手工业的生产很相近。"在下诺夫哥罗德省制造餐刀的 396 个手工业者中,为市场生产的只有 62 人(16%)。为老板①生产的有 273 人(69%),当雇佣工人的有 60 人(15%)。可见,只有六分之一的手工业者才不直接受企业主奴役。另一种刀的生产,即折刀(削笔刀)的生产,据这位作者说,则"介于餐刀生产和锁的生产之间:这里大部分工匠已经在为老板生产,但同时还有相当多的同市场发生关系的独立手工业者"。

下诺夫哥罗德省制造这种刀的总共有 2 552 个手工业者,其中为市场生产的占 48%(1 236 人),为老板生产的占 42%(1 058 人),当雇佣工人的占 10%(258 人)。可见,这里也是独立的(?)手工业者占少数。为市场而生产的手工业者的独立当然也只是表面上的,实则他们同样受包买主的**资本**奴役。如果我们拿下诺夫哥罗德省戈尔巴托夫全县的手工业资料来看,全县从事手工业的有 21 983 人,**占现有劳动者总数的 84.5%**②,我们就会得出如下数字(说明手工业经济的确切数字只有五金业、制革业、马具业、制毡业和大麻纺纱业中的 10 808 个工人):手工业者的 35.6%为市场生产,46.7%为老板生产,17.7%是雇佣工人。可见**这里也是家庭手工制大生产占优势,即劳动受资本奴役的关系占优势**。

"人民之友"所以这样随便回避这类事实,也是由于他们对资本主义的理解没有超出通常的庸俗观念——资本家就是经营大机

---

① 即商人,他们供给手工业者材料并付给他们通常的工资。
② 独特的俄国经济学家以工厂工人人数(原来如此!)衡量俄国资本主义,公然把这些劳动者以及无数类似他们的劳动者算做农业人口,说他们受苦不是由于资本的压迫,而是由于"人民制度"受到人为的压力(???!!)。

器企业的有钱的和有教养的企业主，而不愿知道这一概念的科学的内涵。我们在前一章里已经看到，尤沙柯夫先生讲到资本主义总是直接从机器工业讲起，而绕过了简单协作和工场手工业。这是一种普遍流行的错误，其影响之一就是使人们忽视了我国手工业的资本主义组织。

不言而喻，家庭手工制大生产就是资本主义工业形式，这里已具备资本主义工业形式的一切标志：商品经济已达到高度的发展，生产资料集中在个人手中，工人大众遭到剥夺，他们没有自己的生产资料，因而只好把劳动用在别人的生产资料上，他们不是为自己做工，而是为资本家做工。显然，就手工业的组织来说，这是纯粹的资本主义；同大机器工业相比，它的特点就是技术不发达（主要是因为工资低得不成样子），工人还保留一小块土地。后一种情况特别使"人民之友"困惑不解，因为他们同十足的形而上学者一模一样，习惯用赤裸裸的直接矛盾来思考："是就是，不是就不是，除此以外，都是鬼话。"

工人没有土地就是资本主义；工人占有土地就不是资本主义；他们局限于这种令人宽慰的哲学，而忽略全部社会经济组织，忘记一件尽人皆知的事实，就是占有土地丝毫不能使这些土地占有者不过牛马的生活，不遭受其他同样的土地占有者——"农民"的极端无耻的掠夺。

看来，他们也不懂得，当资本主义还处在较低的发展阶段时，在任何地方它都不能使工人同土地完全分离。马克思根据西欧情况探明了这样一个规律：只有大机器工业才彻底剥夺了工人。因此很明显，那种以"人民占有土地"为理由，硬说我国没有资本主义的流行议论是毫无意义的，因为简单协作和工场手工业的资本主义,在任何时候和任何地方,都同劳动者完全离开土地没有关系,但丝毫也不因此就不成其为资本主义。

至于俄国的大机器工业(我国最大的和最重要的工业部门正在迅速采取这种形式),不管我国有什么样的独特性,它也具有和整个资本主义西欧相同的属性,它已经绝对不容忍工人和土地保持联系了。杰缅季耶夫用确切的统计资料也证明了这一事实,他(完全和马克思无关)根据这些资料作出结论说,机器生产同劳动者完全离开土地的现象不可分割地联系着。这一研究再次证明俄国是一个资本主义国家,劳动者同土地的联系已是这样微弱而且虚幻,有产者(货币持有者、包买主、富裕农民、手工工场主等等)的势力已是这样强固,只要技术再进一步,"农民"(?? 早就靠出卖劳动力过活的)就变成纯粹的工人了①。可是"人民之友"对我国手工业的经济组织的无知还远不止这点。他们甚至对那些不存在"为老板"做工的行业的看法,也和他们对耕作者的看法(这点我们在上面已经说过)一样肤浅。不过,这也是十分自然的,因为那些大谈政治经济学问题的先生大概只知道,在世界上生产资料"可能"同劳动者相结合,这就很好;"可能"和劳动者分离,那就很坏。这是无济于事的。

克里文柯先生谈论到资本主义化的行业和没有资本主义化的行业(这里"小生产能自由存在")时指出,在某些生产部门内,"基本生产费用"很小,因此,小生产在这里能够存在。他以烧砖业为例,说用于烧砖的生产费用可能只有砖场全年周转额的十五分

①  家庭手工制大生产不仅是资本主义制度,而且是最坏的资本主义制度,它既对劳动者实行最厉害的剥削,又使工人只有最小的可能来进行自身的解放斗争。

之一。

这几乎是作者举出的唯一实例(再说一遍,主观社会学最显著的特点就是害怕直接而确切地说明现实和分析现实,宁愿飞向……小市民的"理想"领域),我们就拿它来考察一下,以便指明"人民之友"对现实的看法是多么不正确。

记述烧砖业(用白粘土制砖)的材料,我们可以在莫斯科地方自治机关的经济统计中找到(《汇编》第 7 卷第 1 编第 2 部分等等)。这一行业主要集中在博戈罗茨克县的三个乡,有 233 个作坊,1 402 个工人(其中有本户工人① 567 人,等于总数的 41%;雇佣工人 835 人,等于总数的 59%),全年生产总额为 357 000 卢布。这一行业早已产生,但在最近 15 年内,由于铁路的修筑大大促进了销路,它才特别发展起来。在铁路修筑以前,家庭生产形式起主要作用,现在则让位于剥削雇佣劳动了。这一行业也没有免除小工业家在销售方面对大工业家的依赖:由于"缺钱",前者往往按极低的价格把砖(有时是把"坯"即未烧的砖)就地卖给后者。

我们不仅可以了解这种依赖关系,而且还有可能了解这个行业的组织,因为这项概述附有手工业者按户调查资料,上面有每个作坊的工人数目和全年生产总额。

为了弄清商品经济就是资本主义经济(也就是说商品经济发展到一定阶段时必然转变为资本主义经济)这个规律是不是适用于这一行业,我们就应当把各个作坊按它们的规模大小加以比较,因为问题正是在于大小作坊在生产中的作用和对雇佣劳动的剥削的相互关系。我们根据工人人数把手工作坊分为三类:(I)有 1—

---

① 所谓"本户"工人,指的是雇主家庭的劳动成员,以别于雇佣工人。

5个工人者(本户工人和雇佣工人加在一起);(Ⅱ)有6—10个工人者;(Ⅲ)有超过10个工人者。

我们考察每类作坊的规模、工人成分和生产总额,得出如下资料:

| 手工业者类别（按工人人数划分） | 每个作坊的工人平均数 | 百分比 | | 每个工人的年产量 | 百分比的分配 | | | 绝 对 数 字 | | |
|---|---|---|---|---|---|---|---|---|---|---|
| | | 有雇佣工人的作坊 | 雇佣工人 | | 作坊 | 工人 | 生产总额 | 作坊① | 工　人 | 生产总额（单位卢布） |
| Ⅰ.有 1—5 个工人者 | 2.8 | 25 | 19 | 251 | 72 | 34 | 34 | 167/43 | 476/92 | 119 500 |
| Ⅱ.有 6—10 个工人者 | 7.3 | 90 | 58 | 249 | 18 | 23 | 22 | 43/39 | 317/186 | 79 000 |
| Ⅲ.有超过 10 个工人者 | 26.4 | 100 | 91 | 260 | 10 | 43 | 44 | 23/23 | 609/557 | 158 500 |
| 总　　计 | 6 | 45 | 59 | 254 | 100 | 100 | 100 | 233/105 | 1 402/835 | 357 000 |

你们仔细看看这个表,就可看出这一行业的资产阶级的(即资本主义的)组织:作坊规模越大,劳动生产率就越高②(Ⅱ类例外),剥削雇佣劳动就越厉害③,生产就越集中④。

把自己的经济几乎完全建立在雇佣劳动之上的Ⅲ类,虽然只占作坊总数的10%,却占生产总额的44%。

---

① 分母代表有雇佣工人的作坊数和雇佣工人数。下表同此。
② 一个工人的年产量:Ⅰ类为251卢布;Ⅱ类为249卢布;Ⅲ类为260卢布。
③ 有雇工的作坊在Ⅰ类中占25%。在Ⅱ类中占90%,在Ⅲ类中占100%;雇佣工人在Ⅰ类中占19%,在Ⅱ类中占58%,在Ⅲ类中占91%。
④ 占作坊总数72%的Ⅰ类占生产总额34%,占作坊总数18%的Ⅱ类占生产总额22%,占作坊总数10%的Ⅲ类占生产总额44%。

这种由于多数人（雇佣工人）被剥夺而造成的生产资料集中在少数人手中的情形，既向我们说明了这一行业内小生产者对包买主（大工业家也就是包买主）的依赖，也向我们说明了这一行业中对劳动的压迫。由此可见，劳动者被剥夺和被剥削的**原因**就在于生产关系本身。

大家知道，俄国民粹派社会主义者却持相反的意见，他们认为在手工业中劳动受压迫的原因不在于生产关系（他们声称这种生产关系是建立在没有剥削的基础上的），而在生产关系之外，在于政策，即在于土地政策、赋税政策等等。试问，这种现在几乎已经是顽固不化的偏见，为什么能一直存在呢？是不是因为对手工业中的生产关系的**另一种**看法占统治地位呢？完全不是。它所以能存在，只是因为**对现有的实际经济组织形式**根本不打算作**确切的说明**；它所以能存在，只是因为没有把生产关系专门划分出来，不对生产关系单独加以分析。总之，它所以能存在，只是因为不懂得社会科学的唯一科学的方法，即唯物主义的方法。于是我国旧社会主义者的推论过程现在也就清楚了。对于手工业，他们把剥削的原因归于生产关系**以外**的现象；对于大的工厂的资本主义，他们不能不看见**那里**剥削的原因正在于生产关系。这样就发生了不可调和的对立，互相不一致，这样就无法理解：既然手工业的生产关系（他们也没有考察这种生产关系！）中没有丝毫资本主义的东西，那么，这种大的资本主义是从哪里生长出来的呢？结论自然是：他们由于不了解手工业和资本主义工业的联系，而把前者和后者对立起来，把前者当做是"人民的"，把后者当做是"人为的"。于是也就出现一种认为资本主义与我国的"人民制度"相矛盾的思想，这种思想传播很广，并且在不久以前还由尼古拉·—逊先生改头换面,献给俄国的公众。这种思想所以能存在,只是由于人们墨守成规,尽管它明明不合逻辑:说到工厂资本主义时,他们根据它实际上是什么来判断,说到手工业时,他们却根据它"可能是"什么来判断;说到前者的时候,他们根据对生产关系的分析,说到后者的时候,他们却不打算单独考察生产关系,而直接把问题转到政策方面去了。只要分析这些生产关系,我们就会看出,"人民制度"也是资本主义生产关系,不过还处在不发达的萌芽状态罢了;如果抛弃那种认为一切手工业者彼此一样的幼稚成见,准确地反映出他们之间的差别,那么,工厂"资本家"和"手工业者"之间的差别有时比"手工业者"彼此间的差别还小,**资本主义不是和"人民制度"相矛盾的东西,而是"人民制度"直接而又直接的继续和发展。**

也许有人认为这个例子举得不适当吧? 也许有人会说雇佣工人的百分比在这里偏高了吧①? 但这里重要的完全不是绝对数字,而是这些数字所揭示的**关系**,这种关系实质上是资产阶级关系,不管表现出来的资产阶级性是强还是弱,始终是资产阶级关系。

好吧,我就另举一个例子,故意举一个资产阶级性表现得弱的例子,我从伊萨耶夫先生关于莫斯科省手工业的书中举出这位教授先生称之为"纯粹家庭手工业"的陶器业来说吧。这一行业当然可以充当农民小手工业的代表:技术最简单,设备最少,而且生产的是到处必需的日用品。手工业者的按户调查正好有同样的资料,所以我们可以来研究一下这个对俄国绝大多数"人民"小手工业来说无疑是十分典型的行业的经济组织。我们把手工业者分成

① 这对莫斯科省的手工业来说未必正确,但对俄国其他地区不那么发达的手工业来说,也许是对的。

三类:(I)有 1—3 个工人者(本户工人和雇佣工人加在一起);(II)有 4—5 个工人者;(III)有超过 5 个工人者,然后我们用上法计算一下:

| 手工业者类别(按工人人数划分) | 每个作坊的工人平均数 | 百分比 | | 每个工人年产量 | 百分比的分配 | | | 绝 对 数 字 | | |
|---|---|---|---|---|---|---|---|---|---|---|
| | | 有雇佣工人的作坊 | 雇佣工人 | | 作坊 | 工人 | 生产总额 | 作 坊 | 工 人 | 生产总额(单位卢布) |
| I.有 1—3 个工人者 | 2.4 | 39 | 19 | 468 | 60 | 38 | 36 | 72/28 | 174/33 | 81 500 |
| II.有 4—5 个工人者 | 4.3 | 48 | 20 | 498 | 27 | 32 | 32 | 33/16 | 144/29 | 71 800 |
| III.有超过 5 个工人者 | 8.4 | 100 | 65 | 533 | 13 | 30 | 32 | 16/16 | 134/87 | 71 500 |
| 总　　计 | 3.7 | 49 | 33 | 497 | 100 | 100 | 100 | 121/60 | 452/149 | 224 800 |

显然,这一行业中的**关系**(这种例子是不胜枚举的)也是资产阶级关系:这里有商品经济基础上发生的同样的分化,并且是纯粹资本主义的分化,它导致剥削雇佣劳动,剥削雇佣劳动已在 III 类作坊中起主要作用。III 类作坊虽然只占作坊总数的 $\frac{1}{8}$,却拥有 30% 的工人,劳动生产率比平均劳动生产率高得多,生产几乎占全部生产的 $\frac{1}{3}$。单是这种生产关系就已向我们说明了包买主的出现和他们有力量的原因。我们看到,拥有规模较大、收入较多的作坊并靠他人劳动(在 III 类陶器作坊中,每个作坊平均有 5.5 个雇佣工人)取得"纯"收入的少数人在积蓄"储金",而多数人却在破产,甚至小作坊主(更不用说雇佣工人了)也不能收支相抵。后者当然不可避免地要受前者奴役,其所以不可避免,正是由于这种生产关系的资本主义性质。这种关系在于:由商品经济组织起来的社

会劳动的产品落到私人手中,成为私人手中压迫和奴役劳动者的工具,成为剥削多数人而使个人发财的手段。不要以为生产关系的这种性质还不大发展,同生产者的破产并行的**资本**积累微不足道,因而这种剥削、这种压迫就表现得轻微些。其实完全相反。这只会导致更粗野的农奴制的剥削形式,使资本在它还不能单纯用按劳动力价值购买工人劳动力的办法来直接支配工人时,能用高利贷压榨的罗网把劳动者束缚起来,用盘剥手段把劳动者控制起来,结果是不仅从劳动者身上攫取额外价值,而且攫取很大一部分工资,同时又不让他们有更换"老板"的机会,从而更加重了对他们的欺压;要他们把老板"给"(原来如此!)他们工作看成一种善行,借此奚落他们。很明显,任何一个工人永远不会同意把自己的地位换成俄国"真正""人民"工业中的"独立"手工业者的地位。同样很明显,俄国激进派所喜爱的一切措施,或者丝毫也不触动资本对劳动者的剥削和奴役,始终是一些零星的实验(劳动组合),或者使劳动者的状况恶化(禁止转让份地[35]),最后,或者只会净化、发展和巩固现存的资本主义关系(技术改良、信贷等等)。

可是,"人民之友"永远也领会不了,农民手工业虽然总的情况很可怜,作坊规模很小、劳动生产率极低、技术简陋、雇佣工人不多,但其中已经有了**资本主义**。他们怎样也领会不了,**资本**是人和人之间的一定关系,尽管我们拿来比较的范畴的发展程度有高有低,它仍然是这样一种关系。资产阶级的经济学家从来不能了解这一点,他们始终反对资本的这个定义。记得其中一位经济学家在《俄国思想》杂志上谈到季别尔的书(论马克思的理论)时,引用了这个定义(资本是一种关系),加上几个惊叹号以示愤懑。

资产阶级哲学家最大的特点,就是把资产阶级制度的范畴看做永恒的和自然的范畴；因此，他们对资本下了这样的定义，例如，说资本是为了继续生产而积累的劳动，即认为资本是人类社会的永恒范畴，从而抹杀历史上一定的特殊的经济形态，在这种经济形态中，由商品经济所组织的这种**积累的劳动**落到不劳动的人的手里，并被用来剥削他人的劳动。因此，他们不是去分析和研究一定的生产关系体系，而是谈一些适用于任何制度的、掺杂着感伤的小市民说教的陈词滥调。

现在就来看看，"人民之友"为什么把这种工业称为"人民"工业，为什么把它同资本主义工业对立起来？那只是因为这班先生们是小市民思想家，他们甚至不能想象这些小生产者是在商品经济体系中生活和进行经营的（因此，我把他们称为小市民），他们同市场的关系必然地和不可避免地要把他们分裂为资产阶级和无产阶级。但愿你们能试一试，把我国"人民"手工业的实际组织研究一下，而不要空谈这种手工业"可能"成为什么，我们倒要看看，你们能不能**在俄国找到一个稍微发达的手工业部门不是按资本主义方式组织起来的**。

如果你们不同意这个概念必要的和充分的标志，就是少数人垄断生产资料、多数人失去生产资料、剥削雇佣劳动（一般说来，私人占有商品经济所组织起来的社会劳动的产品，就是资本主义的实质），那就请你们把"自己的"资本主义定义和"自己的"资本主义历史拿出来。

其实，我国"人民"手工业的组织，对资本主义的整个发展史提供了一个很好的例证。它向我们清楚地表明，资本主义产生于、萌芽于简单协作的形式（陶器业中的 III 类）；其次，它向我们表明，由于商品经济而积蓄在个人手中的"储金"怎样变成**资本**，即

先是垄断销路("包买主"和商人),因为只有这些"储金"的所有
者,才有做批发生意所必需的资金,可以等待时机在远地市场销售
商品;再其次,它还向我们表明,这一商业资本怎样奴役大批生产
者和组织资本主义的手工工场,即资本主义的家庭手工制大生产;
最后,它向我们表明,市场的扩大、竞争的加剧怎样使技术提高,这
一商业资本怎样变成产业资本和组织大机器生产。当这种资本力
量雄厚,奴役着千百万劳动者,奴役着整片整片地区的时候,它便
开始直接地和肆无忌惮地对政府施加压力,把政府变为自己的仆
役,这时我们机智的"人民之友"大喊大叫,说什么"培植资本主
义","人为地造成"资本主义!

不用说,他们的恍然大悟正是时候!

由此可见,克里文柯先生大谈什么人民的、真正的、正常的工
业,不过是想抹杀一个事实,即我国手工业无非是处于不同发展阶
段的资本主义。这种手法我们已从尤沙柯夫先生那里领教够了。
尤沙柯夫先生不研究农民改革,而空谈意义重大的宣言[36]的基本
目的等等;不研究租佃,而把它叫做人民租佃;不研究资本主义的
国内市场怎样形成,而抽象地议论资本主义因缺乏市场而必然灭
亡等等。

为了说明"人民之友"先生们把事实歪曲到了何等地步,我再
举一个例子①。我们的主观哲学家们很少给我们举出确切的事

---

① 虽然这个例子涉及已经讲过多次的农民分化,但我认为还是有必要把
**他们自己举出的资料**分析一下,以便清楚地表明所谓社会民主党人不
注意现实而只注意"预察未来"的这种谎言是多么无耻,表明"人民之
友"在和我们进行论战时,避开我们观点的实质,而用一些胡说来支吾
搪塞的这种行径是多么无赖。

实,如果我们把他们所举的最确切的事实之一忽略过去,那未免太不公道了。这个事实就是克里文柯先生(这个杂志1894年第1期)引用的沃罗涅日省的农民家庭收支表。在这里,我们可以从他们自己选出的资料中清楚地看到,究竟是谁对现实的看法比较正确,是俄国激进派和"人民之友"呢,还是俄国社会民主党人。

沃罗涅日省地方自治机关统计学家舍尔比纳先生,在他记述奥斯特罗戈日斯克县的农民经济一书的附录中,列出24个典型农户家庭收支表,并在正文中分析了这些收支表①。

克里文柯先生在重复这一分析时,却没有看出,或者正确些说,不愿看出,这种分析方法对了解我国种地农民的经济毫无用处。问题在于这24户家庭收支表所记述的是完全不同的农户,既有富裕的,也有中等的,也有贫苦的;克里文柯先生本人也指出了这一点(第159页),可是他和舍尔比纳先生一样,单采用那些把各种不同类型的农户加在一起而得出的**平均**数字,从而把他们的分化完全掩盖起来。而我国小生产者的分化是一个很普遍很重大的事实(社会民主党人早已要俄国社会主义者注意这一事实。见普列汉诺夫的著作),甚至从克里文柯先生选出的这一点资料中也能十分清楚地看出来。他谈到农民**经济**时,不是按他们经济规模的大小和经营的类型来分类,而是像舍尔比纳先生那样,按法律地位把他们分为前国家农民和前地主农民,只注意前者比后者富裕,而忽略这两类农民内部的差别比这两类农民彼此间的差别要

---

① 《沃罗涅日省统计资料汇编》第2卷第2编。《奥斯特罗戈日斯克县的农民经济》1887年沃罗涅日版。家庭收支表载于附录中,见第42—49页。家庭收支表的分析载于第18章《农户的人员组成和家庭收支情况》。

大得多①。为了证明这一点,现在我把这 24 户家庭收支表分成三
类:(甲)单独划出 6 户富裕农民,然后是(乙)11 户中等农民(在
舍尔比纳的表上是第 7 — 10 户和第 16 — 22 户)和(丙)7 户贫苦
农民(在舍尔比纳的收支表上是第 11 — 15 户和第 23 — 24 户)。
例如,克里文柯先生说,前国家农民每户的支出为 541.3 卢布;前
地主农民每户的支出为 417.7 卢布。同时他忽略了各种农户的支
出是大不相同的:例如前国家农民中有支出 84.7 卢布的农民,也
有支出**为十倍以上**的即 887.4 卢布的农民(即使把一个支出
1 456.2 卢布的德意志移民除开不算)。把这些数字加在一起得
出的平均数能有什么意义呢? 如果拿我的分类来看,那我们就会
看出富裕户每户平均支出 855.86 卢布,中等户每户平均支出
471.61 卢布,贫苦户每户平均支出 223.78 卢布②。

相差的比例约为 4:2:1。

我们再往下看。克里文柯先生仿效舍尔比纳,引用了按法律
地位分类的农民在个人消费方面的支出额:例如前国家农民每口
人每年用于植物类食品的支出为 13.4 卢布,前地主农民每口人每
年为 12.2 卢布。而按经济标准分类则数字如下:(甲类)17.7 卢
布;(乙类)14.5 卢布;(丙类)13.1 卢布。用于肉乳食品的支出:
前地主农民每口人为 5.2 卢布;前国家农民每口人为 7.7 卢布。

---

① 毫无疑义,只靠农业为生并雇有一个雇农的农户,按类型来说,同当雇
农的或靠当雇农获得3/5收入的农户是不同的。可是这 24 户中二者都
有。大家自己判断一下,如果我们把当雇农的和雇有雇农的户主加在
一起,然后玩弄总平均数,这是一种什么"科学"!
② 每家人口平均数的差别却小得多:(甲类)7.83 人,(乙类)8.36 人,(丙
类)5.28 人。

而按经济标准分类则数字如下:(甲类)11.7卢布;(乙类)5.8卢布;(丙类)3.6卢布。显然,按法律地位分类的计算法不过是把极大的差别掩盖了起来。因此,这种计算法显然是不行的。克里文柯先生说,前国家农民的收入比前地主农民的收入多53.7%:总平均数(根据24户家庭收支表)为539卢布,前者为600卢布以上,后者约为400卢布。而按殷实程度分类则收入的数字如下:(甲类)1 053.2卢布;(乙类)473.8卢布;(丙类)202.4卢布,也就是说,相差的幅度不是3∶2,而是10∶2。

克里文柯先生说:"前国家农民每户产业的总值为1 060卢布,前地主农民每户产业的总值为635卢布。"但按经济标准分类①则是:(甲类)1 737.91卢布;(乙类)786.42卢布;(丙类)363.38卢布,——相差的幅度又不是3∶2,而是10∶2。作者既然把**农民**按法律地位分类,也就无法对这种**农民**的经济得出一个正确的认识。

如果我们按殷实程度来看看各类农民的经济,那我们就会看出:富裕户的收入平均为1 053.2卢布,支出平均为855.86卢布,即纯收入为197.34卢布。中等户的收入平均为473.8卢布,支出平均为471.61卢布,即每户纯收入为2.19卢布(贷款和欠税还未计算在内);显然,这类农户勉强可以收支相抵:11户中5户有亏空。下等户即贫苦户简直是亏本经营:收入为202.4卢布,支出为223.78卢布,即亏空21.38卢布。② 显然,如果我们把这些农户加

---

① 农具方面的差别特别大:每户农具的平均价值为54.83卢布。但富裕户的农具价值为平均数的2倍多,即111.80卢布,而贫苦户则为平均数的1/3弱,即16.04卢布。中等户为48.44卢布。

② 有趣的是雇农(7户贫苦户中有2户)的家庭收支没有亏空:每户收入99卢布,支出93.45卢布。其中有一个雇农由雇主管吃管穿。

在一起而得出一个总平均数（纯收入为 44.11 卢布），那我们就会完全歪曲现实。我们就会回避（像克里文柯先生那样回避）一个事实，即有纯收入的 6 户富裕农民都使用雇农（8 人）。这一事实向我们说明了他们的农业性质（他们在转变为农场主），这种农业使他们能得到纯收入，使他们几乎完全没有经营"副业"的必要。这些农户（算在一起）只有 6.5% 的收支（6 319.5 卢布中的 412 卢布）靠副业来弥补，并且这些副业（按舍尔比纳先生举的例子来看）是"拉脚"或甚至是"收购绵羊"一类的事情，这不但不证明他们依赖别人，反而证明他们在剥削别人（正是在后一场合，积蓄的"储金"在变为商业**资本**）。这些农户有 4 个工业作坊，使他们获得 320 卢布（5%）的收入①。

中等农民的经济却是另一种类型：前面已经说过，他们未必能够收支相抵。农业不能维持他们的开销，他们有 19% 的收入是靠所谓副业。这是哪类副业，我们从舍尔比纳先生的文章中可以看出。那里指出有 7 户从事副业，其中只有 2 户从事独立的副业劳动（缝纫和烧炭），其余 5 户都是出卖劳动力（"到低地去割草"，"到酿酒厂做工"，"农忙时打日工"，"替人放羊"，"在本地庄园里做工"）。这已经是半农半工，干外活使他们丢开农业，从而彻底破坏他们的农业。

至于贫苦农民，他们经营农业简直是亏本；"副业"在他们的家庭收支中作用更大（占收入的 24%），并且这些副业几乎完全（只有一户除外）是出卖劳动力。其中有两户以"副业"（当雇农）为主，占收入的 2/3。

---

① 见附录一（本书第 169 页。——编者注）。

由此可见，小生产者正在完全分化，上等户在变为资产阶级，下等户在变为无产阶级。显然，如果我们拿总平均数来说，那我们丝毫也看不出这一点，我们根本无法了解农村经济。

只是由于玩弄这些虚假的平均数，作者才能采用这样的方法。为了确定这些典型户在全县一般农户中的地位，舍尔比纳先生把农民按份地面积分类，结果，这24户（总平均起来）按他们的富裕程度来说，要比全县中等户高$\frac{1}{3}$左右。这种计算方法决不能认为是令人满意的，一则因为这24户中有很大差别，二则因为按份地面积分类掩盖了农民分化。作者提出的"份地是"农民"富裕的根本原因"这一论点是完全不对的。谁都知道，在村社内部"平均"分配土地，丝毫不会妨碍无马的社员抛弃土地，出租土地，外出做工而变成无产者；也不会妨碍多马的社员租进大量土地，从事大规模的有收益的经营。例如，我们从这24户家庭收支表上就可看出：一个富裕农民有6俄亩份地，收入共为758.5卢布；一个中等农民有7.1俄亩份地，收入共为391.5卢布；一个贫苦农民有6.9俄亩份地，收入共为109.5卢布。总之，我们已经看到，各类农户的收入比例为4∶2∶1，而份地面积的比例则为22.1∶9.2∶8.5＝2.6∶1.08∶1。这是完全可以理解的，因为我们看到，例如，富裕农民每户有份地22.1俄亩，又租进土地8.8俄亩，中等农民的份地则较少（9.2俄亩），租进的土地也较少——7.7俄亩，贫苦农民的份地则更少（8.5俄亩），租进的土地只有2.8俄亩[①]。因此，当克里文柯先生说"可惜舍尔比纳先生引用的资料不能当做衡量全省

---

[①] 当然，我不是想说，**单是**24户的资料就能推翻关于份地有根本意义的论点。但前面引过的几个县的资料，是完全可以推翻这个论点的。[37]

甚至全县的一般情况的准确尺度"时,我们只能说:只有在采用计算总平均数这种不正确的方法(克里文柯先生就不该用这种方法)时,这些资料才不能当做衡量的尺度,可是一般说来,舍尔比纳先生的资料是丰富而有价值的,它使人有可能作出正确的结论,如果克里文柯先生没有作出正确的结论,那不能怪舍尔比纳先生。

例如,舍尔比纳先生在第 197 页上已不是按份地面积,而是按役畜头数把农民分成几类,也就是按经济标志而不是按法律标志分类。这种分类使人有充分理由说,这 24 个典型户各类之间的比例,和全县各经济类别之间的比例是完全一致的。

这种分类是这样的①:

### 沃罗涅日省奥斯特罗戈日斯克县

| 农户类别（按役畜头数划分） | 数目 | | 每户有 | | | 每户平均人口 | 农户百分比 | | | | | |
|---|---|---|---|---|---|---|---|---|---|---|---|---|
| | 农户 | 农户的百分比 | 大牲畜 | 土地（单位俄亩） | | | 有雇农者 | 有工商企业者 | 无房屋者 | 无劳动力者 | 不种地者 | 无农具者 |
| | | | | 份地 | 租地 | | | | | | | |
| I.无役畜者 | 8 728 | 26.0 | 0.7 | 6.2 | 0.2 | 4.6 | 0.6 | 4.0 | 9.5 | 16.6 | 41.6 | 98.5 |
| II.有 1 头役畜者 | 10 510 | 31.3 | 3.0 | 9.4 | 1.3 | 5.7 | 1.4 | 5.4 | 1.4 | 4.9 | 2.9 | 2.5 |
| III.有 2—3 头役畜者 | 11 191 | 33.3 | 6.8 | 13.8 | 3.6 | 7.7 | 8.3 | 12.3 | 0.4 | 1.3 | 0.4 | — |
| IV.有 4 头以上役畜者 | 3 152 | 9.4 | 14.3 | 21.3 | 12.3 | 11.2 | 25.3 | 34.2 | 0.1 | 0.4 | 0.3 | — |
| 总　计 | 33 581 | 100.0 | 4.4 | 11.2 | 2.5 | 6.7 | 5.7 | 10.0 | 3.0 | 6.3 | 11.9 | 23.4 |

---

① 这里 24 个典型户同全县各类农户比较的方法,同舍尔比纳先生用 24 户平均数同按份地面积分类的农户比较的方法是一样的。

什么是"人民之友"以及他们如何攻击社会民主党人？

|  | | | | |
|---|---|---|---|---|
| 雇　农 | 0.5 | 7.2 | 0 | 4.5 |
| 贫苦户 | 2.8 | 8.7 | 3.9 | 5.6 |
| 中等户 | 8.1 | 9.2 | 7.7 | 8.3 |
| 富裕户 | 13.5 | 22.1 | 8.8 | 7.8 |
| 总计 | 7.2 | 12.2 | 6.6 | 7.3② |

24 个典型户中的①：

① 这里从贫苦户内划出了 2 户雇农（即舍尔比纳的第 14 号和第 15 号家庭收支表），所以贫苦户只剩下 5 户。

② 讲到这个统计表时也不能不指出，这里也可同样看到，一个农户越富裕，则租地数量也越大，**虽然**他的份地数量也在增加。可见这一个县的资料也证明份地有根本意义的意见是不正确的。实际情况恰恰相反，我们看到，某类农户越富裕，则份地面积在该类农户占有的全部土地中所占的比重也越小。如把份地和租地加在一起，求出份地在总数中所占的百分比，则各类的数字如下：（Ⅰ）96.8%；（Ⅱ）85%；（Ⅲ）79.3%；（Ⅳ）63.3%。这种现象是完全可以理解的。我们知道，自解放改革时起，土地在俄国就成为商品了。谁有钱，谁就随时可以买到土地；份地也是要拿钱去买的。不言而喻，富裕农民是把土地集中到自己手里，同时这种集中因份地的转让受到中世纪的限制而更多地表现在租地上。赞成这种限制的"人民之友"，不懂得这种荒谬的反动措施只能使贫苦农民的状况更加恶化：丧失了农具的破产农民非出租土地不可，而禁止出租（或出卖）土地就会使这些贫苦农民或者暗中出租，因而对出租者的条件更加苛刻，或者把土地白白交给"村团"，也就是交给那班富农。

这里，我不能不引证古尔维奇对这种臭名远扬的"禁止转让"所发的十分正确的议论：

"要弄清楚这个问题，我们应当看看谁是农民土地的买主。前面我们已经说过，只有一小部分切特维尔梯土地是由商人购买的。一般说来，贵族出卖的小块地完全是由农民购买的。可见这个问题只涉及农民，并不触犯贵族利益，也不触犯资本家阶级利益。在这类场合，俄国政府很可能甘愿给民粹派一点小恩小惠。这样把东方宗法监护制度（oriental paternalism）同某种畸形的国家社会主义的禁止买卖的政策奇怪地结合起来（mésalliance），也许会引起正是他们想为之造福的那些人的反对。既然农村分化过程明明是从内部而不是从外部发生的，那么禁止农民转让土地简直就等于让村社的富裕社员无代价地剥夺贫苦农民。

毫无疑义,按总平均数来说,这 24 个典型户要比该县一般农户高些。但如果我们抛弃这种虚假的平均数而采用经济分类,那我们就有可能作比较了。

我们看到,典型户中的雇农比没有役畜的农户要低些,但同他们很相近。贫苦户同有一头役畜的农户很相近(役畜虽然少0.2,即贫苦户为 2.8,有一匹马的农户为 3,但份地和租地加在一起的土地总数却要多些,即 12.6 俄亩:10.7 俄亩)。中等户比有2—3 头役畜的农户高得很有限(他们的役畜稍微多些,但土地稍微少些),而富裕户则同有 4 头以上役畜的农户相近,只比他们稍

---

我们发现,有权转让自己土地的切特维尔梯农民[38]中的移民百分比,要比土地由村社占有的前国家农民中的移民百分比大得多,如拉年堡县(梁赞省)的移民在前者之中占 17%,在后者之中占 9%;丹科夫县的移民在前者之中占 12%,在后者之中占 5%。为什么有这种差别呢?用一个具体例子就可以说明:

'1881 年,有一个由从前是格里戈罗夫的农奴的 5 户农民组成的小村社,从丹科夫县比吉尔季诺村迁走了。这个小村社把自己的 30俄亩土地,以 1 500 卢布卖给了一个富裕农民。这些移民在家里完全无法生活,多数当了年工。'(《统计资料汇编》第 2 部分第 115、247 页)根据格里戈里耶夫先生的资料(《**梁赞省农民的迁移**》),一个农户只要有 300 个卢布,即 6 俄亩中等土地的价钱,就能在西伯利亚南部经营农业。因此,一个完全破产的农民只要卖掉自己那块村社土地,就能在新地方成为耕作者。敬重祖先神圣习俗的心理,如果没有大慈大悲的官僚们的干涉阻挠,未必能够抵挡得住这种诱惑。

当然,有人会责备我悲观,正像不久前责备我对农民迁移的看法一样(1892 年《北方通报》杂志第 5 期波格丹诺夫斯基的文章)。人们通常大约是这样推论:就算讲的完全合乎实际生活,但有害的后果〈迁移的恶果〉的出现,还是由于农民所处的条件不正常,一旦有了正常条件,那些反对的意见〈反对迁移的意见〉'就会失去效力'。不幸这些确实'不正常的'条件在自发地发展,而要造成'正常的'条件,又是那些同情农民的人所无能为力的。"(同上,第 137 页)[39]

低一点。因此,我们完全可以作出结论说,这个县至少有 $\frac{1}{10}$ 的农户从事正常的有收益的农业,而不需要找外水。(有一点必须指出:这种收益表现为货币,因而是以农业的商业性质为前提的。)他们大多靠雇佣工人种地:至少有 $\frac{1}{4}$ 的农户雇有长工,临时还雇日工的有多少,不知道。其次,这个县半数以上是贫苦户(将近 $\frac{6}{10}$ ,即无马者占26%,有1匹马者占31.3%,总共占57.3%),他们简直是亏本经营,因而日趋破产,经常不断地遭受剥夺。他们不得不出卖自己的劳动力,而且约有 $\frac{1}{4}$ 的农民,已经主要靠从事雇佣劳动而不是靠种地过活了。其余的农民即中等户,都是勉勉强强种地,经常入不敷出,靠外水贴补,因而经济上一点点稳定性也没有了。

我有意把这些资料分析得这样详细,为的是表明克里文柯先生把现实歪曲成什么样子。他随便取一些总平均数来摆弄,很明显,其结果不仅是虚构,而且简直是欺骗。例如,我们看到,一个富裕农民(典型收支表中的)的纯收入(+197.34)可以弥补 **9 个**贫苦户的亏空(-21.38×9=-192.42),所以这个县10%的富裕农民的纯收入不仅可以弥补57%的贫苦农民的亏空,而且略有剩余。当克里文柯先生从24户的平均收支表中得出44.14卢布的余额(除去贷款和欠税15.97卢布)时,就简单说成是中等户和中等以下农户的"衰落"。其实,只有中等农民才勉强说得上衰落①,而贫苦农民大众则直接遭受**剥夺**,与此同时,生产资料则日益集中在占有规模较大、基础稳固的农庄的少数人手里。

---

① 这也未必正确,因为所谓衰落,只是意味着暂时和偶然丧失稳定性,而中等农民,正如我们所看到的,始终处于不稳定状态,处于破产边缘。

作者既然忽视这后一种情况,也就看不出这些家庭收支表如下一个很值得注意的特征:这些家庭收支表同样证明,**农民的分化正在造成国内市场**。一方面,农户类别越低,则靠副业获得的收入比重就越大(在富裕户、中等户、贫苦户各自的收入总额中分别占 6.5%,18.8%,23.6%),而所谓副业主要是出卖劳动力。另一方面,农户类别越高,则农业的商品性质(正如我们所看到的,甚至是**资产阶级**性质)就越强,出卖粮食的百分数就越大。各类农户的农业收入是:(**甲类**)$\frac{3\,861.7}{1\,774.4}$,(**乙类**)$\frac{3\,163.8}{899.9}$,(**丙类**)$\frac{689.9}{175.25}$。分母代表收入的货币部分①,在从高到低的各类农户中分别为 45.9%,28.3%,25.4%。

这里我们又很清楚地看到,被剥夺的农民丧失的生产资料怎样变成**资本**。

克里文柯先生从这样被利用的,或正确些说,这样被歪曲的材料中,当然不能得出正确的结论。他根据一个和他同乘火车的诺夫哥罗德农民的谈话,描述了该地农民经济的货币性质,不得不作出一个公正的结论:正是这种环境,商品经济环境,"养成""特殊的能力",使人想方设法"割〈割草〉得贱"、"卖得

---

① 要算出农业的货币收入(舍尔比纳没有算出这种收入),必须采用一种相当复杂的算法。必须从出卖谷物所得的全部收入中,减去出卖禾秸和谷壳所得的收入,因为据作者说,禾秸和谷壳是用来饲养牲畜的。作者本人在第 18 章里去掉了这些东西,但只是为了得出全县的总数,而不是为了得出这 24 户的数据。我根据他的总结数字得出了出卖谷子所得的收入的百分数(和出卖全部谷物——包括谷子、禾秸和谷壳在内——所得的收入相比较),并按照这个百分数减去禾秸和谷壳的价值。这种百分数,在黑麦是 78.98,在小麦是 72.67,在燕麦和大麦是 73.32,在糜子和荞麦是 77.78。然后减去农户自用的数量,就得出了出卖谷子的数量。

贵"（第156页）①。这种环境成了"激发〈对呀!〉和磨炼经商才能"的"学校"。"有才能的人出现了,从中产生了科卢帕耶夫们、杰隆诺夫们**40**和其他名称的吸血鬼②,而老实纯朴的人则日益落伍,每况愈下,遭到破产,变成雇农。"（第156页）

根据一个条件完全不同的农业省份（沃罗涅日省）的资料,也可得出同样的结论。看来,事情是够明显的了,商品经济体系作为我国包括"村社""农民"经济在内的整个经济的主要背景,已经清晰地显示出来,同时还显示出这样一个**事实**:这个商品经济**而且正是这个商品经济**把"人民"和"农民"分裂为无产阶级（破产而变成雇农）和资产阶级（吸血鬼）,就是说,正是这个商品经济在变为资本主义经济。可是"人民之友"总是不肯正视**现实**,不肯直言不讳(这太"严酷"了)!克里文柯先生议论说:

"某些人认为这种状况是十分自然的〈应该补充一句:是生产关系的资本主义性质的十分自然的结果。这才是确切地转述了"某些人"的意见,这样就无法用空话来搪塞这些意见,而不得不从实质上来分析问题。当作者不是立意要同"某些人"作斗争时,他自己也不得不承认货币经济正是造就"有才能的"吸血鬼和"老实的"雇农的"学校"〉,并且把它看做是资本主义的不可抗拒的使命。〈唔,当然咯!谁认为要同"学校"作斗争,同操纵"学校"的吸血鬼及其在行政机关和知识界的奴仆作斗争,那就是认

---

① "雇人要贱,还要从他身上得到好处",——克里文柯先生在同一页上又很公正地说。

② 尤沙柯夫先生!这是怎么回事:您的同志说"有才能的人"成为"吸血鬼",而您却说人们变成吸血鬼只是因为具有"非批判的头脑"? 先生们,这未免不大像话:在同一本杂志上互相撕打起来了!

为资本主义是不可抗拒的。谁要毫不侵犯资本主义"学校"及其吸血鬼,并想用自由派的治标办法来消除其资本主义产物,那就是真正的"人民之友"!〉我们对这点的看法却有些不同。资本主义在这里无疑起很大作用,这点我们在前面已经指出〈这就是上面说到吸血鬼和雇农的学校那段话〉,可是不能说资本主义的作用就是这样包罗万象和有决定性的,以至在现时国民经济的变动中竟没有别的因素,而且将来也不会有任何别的出路。"(第160页)

请看!克里文柯先生不是确切地和直截了当地说明现代制度,不是明确地回答为什么**农民**分化为吸血鬼和雇农的问题,却用一些毫无内容的词句来支吾搪塞。"不能说资本主义的作用是有决定性的。"——其实全部问题正在于能不能这样说。

你要维护自己的意见,就应当指出是什么别的原因在**决定**问题,除了社会民主党人所指出的无产阶级反对吸血鬼的阶级斗争①外,还有什么别的**出路**。可是什么也没有指出来。不过,作者也许把下述一点当做他的说明吧?虽然这很可笑,但"人民之友"是什么也做得出来的。

"我们已经看到,日趋衰落的首先是土地少的弱小农户",即份地不满5俄亩的农户。"而有份地15.7俄亩的国家农民的典型户则是很稳固的…… 固然,为了获得这样的收入(80卢布纯

---

① 如果说,目前能接受无产阶级反资产阶级的阶级斗争思想的,还只有城市的工厂工人,而不是农村"老实纯朴的"雇农,也就是说,只是那些失去了同"历代基石"、同"村社精神"密切联系的可爱品质的人们,那么,这只是证明社会民主党人关于俄国资本主义具有革命的进步作用的理论是正确的。

收入），他们每户还要租进 5 俄亩土地，但这不过说明他们所需要的是什么。"

把所谓的"土地少"同资本主义联系起来的这一"更正"究竟是什么意思呢？意思是，土地少的人失去土地，土地多的人（每户有 15.7 俄亩者）则获得更多的土地①。这不过是把一些人破产而另一些人发财的论点换个说法而已！！已经到了抛弃这种土地少的空谈的时候了，空谈丝毫不能说明问题（因为份地并不是白白送给农民而是卖给农民的），只是描述过程，而且描述得又不确切，因为要说的不单单是土地，而是整个生产资料，而且不是农民的生产资料"少"，而是农民在**失去**生产资料，遭到日益发展的资本主义的**剥夺**。克里文柯先生在结束他的高论时说："我们决不是想说，农业在任何情况下都应该而且可能保持其'自然的'和离开加工工业而独立的性质〈又是空话！您不是刚才还不得不承认目前已经有了以交换为前提的，因而也是以农业离开加工工业而独立为前提的货币经济的学校吗？干吗还要胡说什么可能和应该呢？〉，我们只是说：人为地造成独立的工业是不合理的〈不妨问问，基姆雷人和巴甫洛夫镇人的工业是不是"独立的"呢？又是什么人、什么时候和怎样"人为地造成"的呢？〉；劳动者同土地和生产工具分离，不仅是由于资本主义的影响，还由于先于资本主义和促进资本主义的其他因素的影响。"

这里大概又在提示一种深奥的思想：如果劳动者同土地分离，土地转归吸血鬼所有，那是因为前者的土地"少"，而后者的土

---

① 认为占有等量份地的农民就彼此一样而没有"吸血鬼"和"雇农"之分的看法，其荒谬性就更不用说了。

地"多"。

这类高论倒责备社会民主党人"眼界狭隘",说他们不该把资本主义看做决定性的原因！…… 我所以再次这样详细地谈到农民和手工业者的分化，是因为必须说清楚社会民主党人是怎样看问题和怎样说明问题的。必须指明，同样一些事实，在主观社会学家看来，只是表明农民"变穷了"，而"猎财者"和"吸血鬼""乘机牟利"；从唯物主义者的观点来看，却是表明商品生产者的资本主义分化，是商品经济本身的力量所必然引起的分化。必须指明，根据什么事实得出下述论点（这一论点已在第一编表述过了①）：在俄国，不仅在工厂，而且在最偏僻的乡村，到处都有有产者和无产者的斗争，而且这种斗争到处都是在商品经济基础上形成的资产阶级和无产阶级的斗争。由于有地方自治局统计这样出色的材料而可以确切地描绘出来的我国农民和手工业者的分化，非农民化，**实际**证明了恰好是社会民主党人对俄国现实的理解是正确的，根据这种理解，农民和手工业者是"绝对"意义上的**小生产者即小资产者**。这一论点可说是**工人社会主义**理论不同于旧时农民社会主义的主要之点，旧时农民社会主义既不了解这种小生产者所处的商品经济环境，也不了解小生产者在商品经济基础上发生的资本主义分化。因此，谁要认真批评社会民主主义，谁就应该把自己的论据集中在这点上，应该证明俄国在政治经济方面不是商品经济制度，证明农民的分化不是在这个基础上发生的，证明大量居民的被剥夺和劳动者的被剥削是由于其他什么原因，而不是由于我国包括农民经济在内的社会经济组织是资

---

① 见本书第61—62页。——编者注

产阶级的即资本主义的组织。

先生们,试证明一下吧!

其次,我所以比较喜欢用农民经济和手工业经济的资料来说明社会民主主义的理论,还有一个理由。如果我在批评"人民之友"的观点时,只是把他们的思想和马克思主义思想加以对照,那就背离了唯物主义的方法。所以还必须把"民粹主义"思想说清楚,指明这种思想在我国现代社会经济关系中的**物质**基础。我国农民和手工业者的经济状况和实例表明了这种"农民"("人民之友"就是想充当他们的思想家)究竟是什么。它们证明我国农村经济的资产阶级性,因而也就证实把"人民之友"算做小市民思想家是正确的。此外,它们还表明我国激进派的思想和纲领同小资产阶级的利益之间存在着极密切的联系。这种联系(在详细分析了他们的纲领之后会更加清楚)向我们说明为什么这些激进派思想在我国"社会"中得到如此广泛的传播,也清楚地说明为什么"人民之友"在政治上卑躬屈膝并甘愿妥协。

最后,我们这样详细分析我国社会生活中资本主义最不发达、而民粹派通常从中吸取材料来论证其理论的那些部门的经济,还有一个理由。因为研究和说明这种经济,最容易从实质上回答我国公众中最流行的一种反对社会民主主义的意见。我们的激进派从资本主义同"人民制度"相矛盾这种通常想法出发,看到社会民主党人把大资本主义当做进步现象,看到他们正是要立足于大资本主义来进行反对现代掠夺制度的斗争,便轻易地指摘社会民主党人忽视大多数农民人口的利益,说他们想"让每个农夫到工厂的锅炉里去受熬煎"等等。

所有这些议论都是建立在一种极端不合逻辑的和奇怪的方

法上的：说到资本主义时，根据资本主义实际上是什么来判断；说到农村时，则根据农村"可能是"什么来判断。显然，对这一点的最好回答，就是让他们看看**现实的**农村、**现实的**农村经济。

凡是不怀偏见而科学地观察这种经济的人都一定会承认，俄国农村是由分散的小市场（或中央市场的小分支）组成的体系，这些市场支配着各个不大的地区的社会经济生活。在每一个这样的地区里，我们可以看到受市场调节的社会经济组织所具有的种种现象：可以看到那些曾经是平等的宗法式的直接生产者在分化为富人和穷人，可以看到**资本**特别是商业**资本**的产生，它给劳动者布下天罗地网，吸吮他们的全部脂膏。你们只要把我国激进派对农民经济的记述同有关农村经济生活的第一手确切资料加以比较，那你们就会感到惊奇，因为在被批评的观点体系中，完全不提麇集在每个这样市场上的大量的小商贩，不提所有那些叫做施巴依、伊瓦施**41**和其他还被本地农民取了外号的人，不提操纵市场并残酷地压迫劳动者的大量小剥削者。人们通常把他们撇开了事，说"他们已经不是农民而是商人了"。是的，你们说得完全对：这"已经不是农民"了。可是，你们试把所有这些"商人"，用确切的政治经济学的语言来说，也就是把那些经商并至少是部分地占有他人劳动的人划为单独的一类，试用精确的数字把这一类的经济力量和他们在本区整个经济中的作用表示出来；然后试把所有那些拿自己的劳动力到市场上出卖，不是为自己而是为别人做工，因而也"已经不是农民"的人划为相反的一类，——你们试来履行这种公正而认真地研究问题的起码要求，那你们就会看出资本主义分化的情况是如此明显，"人民制度"的神话就不攻自破了。这样大量的农村小剥削者是一种可怕的势力，其所以可怕，特别是因为他们对劳动者实行各个击破，把劳动者牢牢地束缚住，使他们毫无挣脱的希望；其所以可怕，是因为这种剥削，在农村的愚昧状态（这是由该体系固有的劳动生产率低下和缺乏交往的现象造成的）下，不仅是对劳动的掠夺，而且是农村中常有的亚洲式的人身侮辱。如果你们把这种**现实的**农村和我国资本主义比较一下，你们就会懂得，为什么社会民主党人把我国资本主义的作用看做是进步的，因为资本主义把这些分散的小市场连成一个全国性的市场，它造就少数巨大的"祖国栋梁"来替代无数善意的小吸血鬼，使劳动社会化并提高劳动生产率，使劳动者挣脱本地吸血鬼的支配而使他们受大**资本**的支配。后一种支配尽管引起种种惨状，使劳动者受压迫、死亡、粗野，使妇女儿童身心受到摧残等等，但它比前一种支配却是进步的，因为它**启迪工人的思想**，把隐约的和模糊的不满变成自觉的反抗，把零星的无意义的小骚动变成争取全体劳动者解放的有组织的阶级斗争，这一斗争从这个大资本主义存在的条件本身中吸取力量，因而绝对有希望获得**可靠的成功**。

对于所谓忽视广大农民的责备，社会民主党人完全可以用卡尔·马克思的一段话来回答：

> "批判撕碎锁链上那些虚幻的花朵，不是要人依旧戴上没有幻想没有慰藉的锁链，而是要人扔掉它，采摘新鲜的花朵。"①

俄国社会民主党人正在撕碎装饰我国农村的虚幻的花朵，抨击理想化和幻想，进行招致"人民之友"切齿痛恨的破坏工作，并

---

① 见《马克思恩格斯选集》第3版第1卷第2页。——编者注

不是要农民大众仍然处于现在这种受压迫、受奴役和面临死亡的地位,而是要无产阶级懂得什么是到处束缚着劳动者的锁链,懂得这些锁链是怎样打成的,并善于奋起反抗,以便挣脱这些锁链并采摘真正的花朵。

当他们把这种思想带给那些按其地位来说是唯一能够掌握阶级自觉并发动阶级斗争的劳动阶级代表时,竟有人责备他们想让农夫到锅炉里去受熬煎。

究竟是谁在这样责备呢?

是那些把劳动者解放的希望寄托在"政府"和"社会"身上,也就是寄托在处处把劳动者束缚起来的资产阶级的机关身上的人。

这班软骨头竟神气活现地说社会民主党人没有理想!

————

"人民之友"的理论观点,我们已经谈得似乎太多了,现在我们来谈谈他们的政治纲领。他们想用什么办法来"扑灭火灾"呢?他们说社会民主党人指明的出路是不正确的,那他们认为出路在哪里呢?

尤沙柯夫先生在《农业部》一文(《俄国财富》杂志第 10 期)中说:"改组农民银行,成立垦殖管理署,整顿官地租佃以利于人民经济……研究和解决租佃问题,这就是复兴人民经济并使其不受新兴富豪的经济暴力〈原文如此!〉侵害的纲领。"在《经济发展问题》一文中,对这个"复兴人民经济"的纲领补充了如下一些"初步而必要的步骤":"扫除目前束缚村社的一切障碍,取消对村社的监护,过渡到共耕制(农业社会化),发展地里出产的原料的村社加工业"。而克里文柯和卡雷舍夫两先生又作了补充:"发放低利贷款,组织劳动组合式的经营,保障销路,使企业主无利可得〈这点下文要专门说到〉，发明更便宜的发动机和实行其他技术改良"，最后是办"博览馆、货栈、代理店"。

你们仔细看看这个纲领，就会看出这班先生是完完全全站在现代社会的基地上（也就是说，站在资本主义制度基地上，不过他们没有意识到这一点），只想对这个社会修修补补、敷衍了事，而不懂得他们的这些进步办法，如低利贷款、技术改良、银行等等，只能加强和发展资产阶级。

尼古·—逊当然说得完全对（这也是他最有价值的论点之一，"人民之友"不能不加以反对），在现代制度基础上的任何改良都无济于事，无论是信贷，是移民，是赋税改革，是全部土地归农民所有，都不能在实质上改变什么，反而会使现在被多余的"监护"、农奴制贡赋的残余和农民的依附于土地等等所束缚的资本主义经济加强和发展起来。他说，那些希望广泛发展信贷的经济学家，如瓦西里契柯夫公爵（按他的思想来说，无疑是"人民之友"）一类人，也同"自由派的"即资产阶级的经济学家一样，"力图发展和巩固资本主义关系"。他们不懂得我国生产关系的对抗性（在**农民**中也同在其他等级中一样），他们不是努力使这一对抗充分展开，不是直接同那些由于这种对抗而受奴役的人站在一起，设法帮助他们起来斗争，反而梦想指靠一切人，指靠调解和联合，用这样的办法来停止斗争。这些办法会导致什么样的结果是不言而喻的：只要想一想上述分化的例子就会确信，能享受信贷[1]、技术改良、

---

[1] 想在资本主义关系存在的情况下（我们已经看到，"人民之友"已不能否认这种关系的存在），利用信贷来维持"人民经济"即小生产者经济，这种显然不懂得理论政治经济学常识的荒谬主张，十分清楚地表明这些企图脚踏两只船的先生们的理论是庸俗不堪的。

银行之类"进步"的,只是那些在正常和稳固的经营条件下有相当"储金"的人,就是说,只是那些区区少数即小资产阶级的代表人物。所以无论你们怎样改组农民银行和类似的机关,丝毫也不会触动这一主要的根本的事实,即广大居民已经遭到剥夺并继续遭受剥夺,他们甚至无钱养活自己,更不用说进行正常的经营了。

"劳动组合"和"共耕制"也是如此。尤沙柯夫先生把后者叫做"农业社会化"。这当然只是一种笑话,因为实现社会化,并不是只在某个村子范围内组织生产,因为要实现社会化,就必须剥夺那些垄断生产资料并操纵现时俄国社会经济的"吸血鬼"。要做到这一步,就需要斗争,斗争,再斗争,而不是无聊的小市民说教。

因此,他们的这类措施不过是些自由派温和的治标办法,全靠慈善的资产者的施舍来勉强维持。这些办法引诱被剥削者放弃斗争,其害处比可能改善个别人的状况这种好处大得多,这种改善在资本主义关系的一般基础上不能不是微小的和靠不住的。这班先生抹杀俄国生活中的对抗到了何等荒谬的地步(当然,他们这样做是怀有停止现时斗争的极其善良的愿望的,也就是怀有那种铺成地狱的愿望的),这从克里文柯先生的下述论断中可以看出:

"知识分子能领导厂主的企业,也能领导人民的工业。"

他们的全部哲学不外乎长吁短叹地说,斗争和剥削是有的,但也"可能"是没有的,假如……假如没有剥削者的话。试问,作者讲这种废话究竟要说明什么呢?难道可以否认俄国的大学和其他学校每年都在制造一些谁能养活就去投靠谁的"知识分子"(??)吗?难道可以否认现在俄国只有资产阶级少数才有钱来养活这种"知识分子"吗?难道俄国的资产阶级知识分子,会因"人民之友"说他们"可能"不替资产阶级服务就消失了吗?是的,"可能"的,

**假如**他们不是资产阶级知识分子的话。他们"可能"不是资产阶级知识分子,"假如"俄国没有资产阶级和资本主义的话!有些人一辈子就满足于这种"假如"!这些先生不仅拒绝承认资本主义有决定的意义,而且根本不愿看见资本主义中的任何坏东西。只要去掉某些"缺陷",他们也许在资本主义制度下就会过得很不坏。请看克里文柯先生的这样一段话吧:

"资本主义生产和手工业的资本主义化决不是这样的大门,加工工业通过它就只能离开人民。当然,加工工业可能离开人民生活,但也可能进入人民生活,更加接近农业和采掘工业。为此可能采用几种办法,上述大门也像别的大门一样能够促成此举。"(第161页)克里文柯先生比起米海洛夫斯基先生来,是有一些很好的品质的。例如他坦白直爽。凡是米海洛夫斯基先生会写出整页整页的花言巧语、专在问题周围打圈子而不涉及问题本身的地方,求实的克里文柯先生总是不假思索地和毫无愧疚地把他的一切荒谬见解都向读者端出来。请看:"资本主义可能进入人民生活。"就是说,劳动者不同生产资料分离,资本主义也是可能的!这真是妙不可言;现在我们至少完全明白"人民之友"想要的是什么了。他们要的是没有资本主义的商品经济,要的是没有剥夺也没有剥削,只有在仁慈的地主和自由派的行政官庇护下勉强维持生活的小市民的资本主义。于是,他们俨然像一个立意给俄国造福的部吏那样着手拟制计划,以建立一个既要狼吃饱,又要羊完好的制度。为了弄清这种计划的性质,我们应当来看看同一作者在该杂志第12期发表的文章(《论文化孤士》):"工业的劳动组合形式和国家经营形式〈克里文柯先生发表议论时,大概以为他已"被召去""解决实际经济问题"了〉,决不是在目前情况下所能设想的一切。例如,也可能有这样一种计划。"接着,他就讲起一件事,说有一位技师带着一份由小股(每股不超过 100 卢布)股份企业对顿河州进行技术开发的草案,去访问《俄国财富》杂志编辑部。编辑部建议草案起草人作些修改,修改意见大致如下:"股票不应属于私人而应属于村团,同时,将来在企业中做工的那部分村团居民应该领取通常的工资,而村团则应保证他们同土地的联系。"

这可真是了不起的行政天才!用多么简单、多么容易的手段就使资本主义进入了人民生活而又消除了它的各种弊病!只是必须设法使农村的富人能通过村团购买股票①并从有"部分居民"参加劳动的那个企业方面获得收入,而"部分居民"则应得到同土地联系的保证,——这种"联系"使一个人不可能靠这块土地过活(否则,谁愿去为挣"通常的工资"而做工呢?),但足以把他束缚在一个地方,使他遭受本地资本主义企业的奴役而无法更换老板。我说老板,即资本家,是有充分理由的,因为对于付**工资**给劳动者的人不能有别的称呼。

读者也许已经抱怨我把这种看来不屑一顾的胡言乱语谈得这样多。可是,对不起。虽然这是胡言乱语,但是值得研究,需要研

————————

① 我说富人购买股票(尽管作者附带说明股票应属于村团),是因为作者毕竟是说拿钱购买股票,而钱是只有富人才有的。因此,不管是不是通过村团,反正拿得出钱来的只有富人,正如通过村团购买或租种土地丝毫也不会取消富人对这块土地的垄断一样。其次,得到收入(红利)的还是那些出了钱的人,否则股票就不成其为股票了。所以据我的理解,作者建议的意思是提出一部分利润来"保证工人和土地的联系"。如果作者说的不是这个意思(尽管从他的话中必然得出这种结论),而是说要富人出钱买股票而不领取红利,那么,他的草案就不过是要有产者同无产者共分罢了。这同笑话中讲的灭蝇药相似,这种药要求把苍蝇捉住放到药瓶里,苍蝇就会立刻死掉。

究,因为它反映着俄国现实的社会经济关系,因而它是我国最流行的一种社会思想,还需要社会民主党人长时间加以重视。问题在于俄国由农奴制的、封建的生产方式向资本主义生产方式的过渡,已经造成而且现时在某种程度上还在造成劳动者的这样一种情况:农民既然不能靠土地养活自己,也不能**靠土地向地主缴纳贡赋**(**他们直到现在还缴纳这种贡赋**),就不得不去挣"外水";起初,在从前的好时光,或者是独立的副业劳动(如拉脚),或者是虽不独立但因副业发展极差而报酬还算不错的劳动。这种情形曾使农民能够过着比现在稍好一点的生活,能够在十万个高贵的警察局长和新兴的俄国土地的收集者即资产者的福荫下勉强维持农奴的生活。

于是"人民之友"就把这种制度理想化,干脆抛开它的黑暗面,梦想着这种制度,——所以说是"梦想",因为这种制度在现实中早就不存在了,早就被资本主义破坏了,资本主义已使广大种地的农民遭受剥夺,已把从前的挣"外水"变成对过剩"人手"的肆无忌惮的剥削了。

我们的小市民骑士恰恰想要保存农民同土地的"联系",但又不要农奴制,其实只有农奴制才保障过这种联系,而农奴制又被商品经济和资本主义摧毁了,已使这种联系无法存在了。他们想要这样一种外水,这种外水不会使农民离开土地,在为市场干活时不会产生竞争,不会造成**资本**,不会使广大居民受资本奴役。他们忠于社会学中的主观方法,想从这里和那里"采纳"长处,其实这种幼稚愿望自然只会造成忽视现实的反动梦想,使人无法理解并利用新制度真正进步的革命的方面,而去同情那种把半农奴制半自由的劳动的旧时美好制度(这种制度具有剥削和压迫的一切惨状而不可能给人以任何出路)永恒化的措施。

为了证明把"人民之友"当做反动分子是正确的,我且举两个例子。

在莫斯科地方自治局的统计中,我们可以读到有关某位克·太太农庄(在波多利斯克县)的记载,这个农庄不仅曾使莫斯科统计学家感到佩服,如果我没有记错的话,也曾使瓦·沃·先生感到佩服(我记得他在一篇杂志文章里写到这点)。

在瓦·奥尔洛夫先生看来,克·太太这个有名的农庄是这样一个事实,"这个事实在实践上令人信服地证实了"他所喜欢的论点:"哪里农民的农业情况好,哪里私人土地占有者的农庄就经营得好些。"从奥尔洛夫先生对这位太太的农庄的叙述中可以看出:她的农庄是用本地农民的劳动来经营的,农民为了偿还冬季从她那里借来的面粉等等而替她种地;并且女主人非常关心农民,帮助他们,所以现在他们是该乡最宽裕的农民,他们的粮食"几乎能吃到新谷登场(从前还不够吃到冬天的尼古拉节[42])"。

试问,"这种安排",是不是就会像尼·卡布鲁柯夫先生(第5卷第175页)和瓦·奥尔洛夫先生(第2卷第55—59页及其他各页)所想的那样,排除"农民和土地占有者的利益的对立"呢?显然不会,因为克·太太是靠她的农民劳动过活的。可见剥削一点也没有消除。看不见对被剥削者的慈善态度后面隐藏着剥削,这对克·太太是可以原谅的,但对一个经济学家-统计学家就绝对不能原谅了。一个经济学家-统计学家居然对这种事情表示赞赏,也就同西欧那些赞赏资本家对工人仁慈,兴高采烈地传播厂主关心工人、为工人开办消费品商店、建筑住房等等的慈善家完全相似了。根据这类"事实"的存在(也就是"可能"存在)就得出没有利益对立的结论,那就是只见树木不见森林。这是第一。

第二,我们从奥尔洛夫先生的叙述中可以看出,克·太太的农民"因为收成极好(女地主给了他们好种子)已养有牲畜",经济"宽裕"。假定这些"宽裕农户"不是"几乎"宽裕而是十分宽裕,也就是说他们的粮食不是"几乎"够吃到新谷登场,也不是"多数人"如此,而是大家都有充足的粮食,假定这些农民都有了足够的土地,也有了现时所没有的(多么宽裕啊!)而是靠干活向克·太太租来的"牧场和牧道"。难道奥尔洛夫先生以为,那时,也就是假定农民经济已经真正宽裕时,这些农民还会像现在这样"在克·太太的农庄里细心地、及时地、迅速地干活"吗? 或许,农民对这位如此无孔不入地榨取宽裕农民血汗的仁慈太太的感激心情,会像现在非有牧场和牧道不可的农民的绝望处境一样,具有强烈的刺激作用吗?

显然,"人民之友"的思想实质上就是这样的:作为真正的小市民思想家,他们所要的不是消灭剥削而是缓和剥削,不是斗争而是调和。他们据以拼命攻击狭隘的社会民主党人的那种远大理想,不过是要一些"宽裕"农民照旧向地主和资本家缴纳"贡赋",只要地主和资本家公平对待他们就够了。

另一个例子。尤沙柯夫先生在一篇颇为著名的文章《俄国人民土地占有标准》(1885年《俄国思想》杂志第9期)中,说明了他对"人民"应占有多大面积土地的看法,也就是说,照我国自由派的说法,占有多大面积可以排除资本主义和剥削。现在,经克里文柯先生这番绝妙的说明后,我们知道,他也是以"资本主义进入人民生活"的观点来看问题的。他把能满足"粮食需要和支付税款"①的份地当做"人民"占有土地的最低限度,其余的,他说可用"外水"来弥补……　换句话说,他简直是容忍了这样一种制度:农民由于保持同土地的联系而遭受双重剥削,既在"份地"方面受地主剥削,又在"外水"方面受资本家剥削。小生产者遭受双重剥削,而且生活条件又必然造成他们战战兢兢、备受压抑,不但毫无希望获得胜利,而且根本无法进行被压迫者阶级的斗争,——这种半中世纪状况却是"人民之友"的视野和理想的极限。当资本主义在俄国改革后的整个历史时期内飞速地发展起来,开始连根挖出旧俄罗斯的这一基石,即宗法式的半农奴式的农民,使他们脱离中世纪的半封建的环境而转入现代纯粹资本主义的环境,迫使他们离乡背井,流浪到俄国各地去寻找工作,摆脱本地"雇主"的奴役,并表明剥削(阶级的剥削,而不是某个狠心人的掠夺)的基础究竟是什么的时候,当资本主义已开始把其余那些战战兢兢的和被迫过牛马生活的农民大批地卷入日益复杂的社会政治生活漩涡的时候,我们的骑士们却哀号和嗟叹基石的崩陷和毁坏。他们现在还在哀号和嗟叹这一美好的旧时代,虽然现在大概只有瞎子才看不见这种新的生活方式的革命方面,看不见资本主义在怎样造成一种和旧剥削制度毫无联系而又有可能和旧剥削制度作斗争的新的社会力量。

可是"人民之友"丝毫不想使现存制度有任何根本改变。他

---

① 为了指明农民家庭收支表中这项支出和其余支出的比例,我再引用奥斯特罗戈日斯克县的 24 个农户的家庭收支表。每户平均支出为 495 卢布 39 戈比(实物和货币都在内)。其中 109 卢布 10 戈比用于饲养牲畜,135 卢布 80 戈比用于植物类食品和赋税,其余 250 卢布 49 戈比用于其他支出,如非植物类食品、衣服、农具、地租等等。尤沙柯夫先生把饲养牲畜的费用算在割草场和辅助农业用地项内。

们完全满足于在现有基础上实行一些自由派的措施,而克里文柯先生在发明这种措施方面,表现了我国彭帕杜尔[43]的真正行政才能。

他论述必须"详细研究和根本改组""我国人民工业"时说:"一般说来,这个问题需要作专门的考察并把各生产部门分成几类:有的是可以运用于人民生活〈原文如此!!〉的,有的是在运用时会遇到某些严重困难的。"

同一位克里文柯先生还向我们提供了一个这种分类的例子,他把手工业分成三类:一类是不会资本主义化的,一类是已经资本主义化的,一类是能"和大工业争生存"的。

这位行政官断言:"在第一类手工业中,小生产能够自由生存",——是不受使小生产者分化为资产阶级和无产阶级的市场波动影响的自由吗?是不受地方市场扩大并集中为一个大市场的影响的自由吗?是不受技术进步影响的自由吗?或者这种技术进步,在商品经济条件下,也可能不是资本主义的吗?在第三类手工业中,作者要求"也组织大规模的生产"。他说:"显然,这里也需要组织大规模的生产,需要固定资本、流动资本、机器等等,或者这些条件由别的什么条件来抵补,如低利贷款,取消多余的中介,劳动组合式的经营,设法使企业主不能获利,保障销路,发明更便宜的发动机和实行其他技术改良,最后是稍许降低工资,如果这种降低将由其他好处来补偿的话。"

这番议论非常突出地说明"人民之友"口头上是远大理想,行动上是老一套自由主义。你看,我们的这位哲学家恰好是从设法使企业主不能获利并组织大经济开始的。好极了:这正是社会民主党人**想要做**的。但"人民之友"想怎样做到这一步呢?要知道,要组织没有企业主的大生产,首先必须消灭商品的社会经济组织,代之以公社的即共产主义的社会经济组织,那时调节生产的就不像现在这样是市场,而是生产者自己,是工人社会本身;那时生产资料就不属于私人而属于全社会。这样用公社占有形式来替代私人**占有形式**,显然需要**预先**改造**生产形式**,需要把小生产者分散的细小的独立的生产过程融合成**一个社会生产过程**,总而言之,需要的正是资本主义所创造的物质条件。可是"人民之友"根本不打算立足于资本主义。他们打算怎样行动呢? 谁也不知道。他们甚至没有提到要消灭商品经济:显然,他们的远大理想决不会超出这个社会生产体系的框子。其次,要消灭企业主的获利,就得剥夺企业主,因为他们的"获利"正是由于他们垄断了生产资料。要剥夺我们祖国的这些栋梁,就需要有反对资产阶级制度的人民革命运动,而有能力进行这一运动的只有和这个制度没有丝毫联系的工人无产阶级。可是"人民之友"根本没有想到什么斗争,根本没有想到除了这些企业主自己的行政机关外,还可能有而且必然有别的社会活动家。显然,他们一点也不想认真反对"企业主的获利":克里文柯先生不过是偶尔失言罢了。所以他立刻更正说:要知道,"设法使企业主不能获利"这样的事,可以用"别的什么条件",即用信贷、安排销路、改良技术等来"抵补"。这样就万事大吉了:消灭企业主"获利"的神圣权利这种使企业主先生们感到委屈的事不会有了,而出现的是自由派的温和措施。这些措施只会使资本主义获得更好的斗争武器,只会加强、巩固和发展我国小的"人民的"资产阶级。为了使人毫不怀疑"人民之友"维护的只是这个小资产阶级的利益,克里文柯先生还作了如下一个极妙的解释。原来消灭企业主获利是可以用……"降低工资"来"抵补"

的!!! 骤然看来,会觉得这简直是胡说八道。实则不然。这是在始终如一地贯彻小市民思想。作者看见大资本同小资本斗争的事实,作为真正的"人民之友",当然要站到小⋯⋯**资本**方面。他同时听说降低工资是小资本家的一种最有力的斗争手段,——降低工资,也和延长工作日一样,确实是俄国许多生产部门中常有的现象。于是,他为了无论如何要拯救小⋯⋯**资本家**,便主张"稍许降低工资,如果这种降低将由其他好处来补偿的话"!企业主先生们完全可以放心,尽管起初对企业主的"获利"似乎发过一些怪论。我想,他们甚至会乐意让这位计划用降低工资来**反对**企业主的天才行政官当财政大臣的。

还可举一个例子来证明:只要一涉及某些实际问题,《俄国财富》杂志那些讲人道的自由派行政官就显出是十足的资产者。在《俄国财富》杂志第12期《国内生活纪事》中谈到了垄断的问题。

作者说:"垄断和辛迪加是发达的工业的理想。"接着他很惊奇:虽然我国并没有"资本的激烈竞争",可是这些机构也在我国出现了。"无论制糖工业或石油工业都还不特别发达。在我国,不论白糖或煤油的消费几乎都处于萌芽状态,如果注意到我国每个消费者平均的白糖和煤油的消费量同其他国家相比是微不足道的话。看来,供这些工业部门发展的地盘还很大,还能吸收大量资本。"

值得注意的是,作者恰巧在这里,在实际问题上忘记了《俄国财富》杂志心爱的那个所谓国内市场缩小的思想。他不得不承认这个市场还有很大的发展前途,而不会缩小。他把我国同消费较多的西欧作了比较之后得出了这个结论。为什么西欧的消费较多呢?因为那里的文化高些。可是这种文化的物质基础,如果不是资本主义技术的发达,不是商品经济和交换的增长使人们彼此更多地接触并打破各个地方中世纪式的孤立状态,又是什么呢?例如,法国在大革命前,当半中世纪式的农民还没有完全分裂为农村资产阶级和无产阶级的时候,它的文化不是并不比我国的文化高吗?如果作者更仔细地考察俄国生活,那他就不能不看出例如这样一个事实,就是资本主义发达地区的农民人口的消费,要比纯农业地区的农民人口的消费多得多。凡是考察过我国的手工业、看到这些手工业的发展已给当地居民的全部生活打上手工业烙印的人都不约而同地指出了这一点①。

"人民之友"丝毫不注意这类"小事情",因为在他们看来,这"不过是"由于文化或由于整个生活日益复杂的缘故,他们甚至也不想想这种文化和这种复杂化的物质基础的问题。他们只要考察一下我国的农村经济,就一定会承认正是农民分化为资产阶级和无产阶级才造成国内市场。

他们大概以为市场的扩大还并不意味着资产阶级的成长。上述那位国内生活栏编者继续说:"在我国整个生产还不大发展的条件下,在缺乏进取心和首创性的情形下,垄断将是**国力**发展的新障碍。"作者说到烟草垄断时,认为"这种垄断将从**人民的**流通中夺去 15 400 万卢布"。这里完全忽略了一个事实,即我国经济制度的基础是商品经济,而商品经济的领导者,在我国也同别的任何地方一样,是资产阶级。作者不说资产阶级受到垄断的限制,而说"国家"受到垄断的限制,不说商品的资产阶级的流通,而说"人民

---

① 　即使拿巴甫洛沃的手工业者同近郊各村农民相比,也可以作为一个例子。见格里戈里耶夫和安年斯基两人的著作。——我有意又拿存在着所谓特殊的"人民制度"的乡村作例子。

的"流通①。资产者始终不能理解这两个概念之间的差别,不管这种差别有多大。为了表明这种差别该是多么明显,我引证一下"人民之友"心目中的权威性杂志《祖国纪事》。在1872年第2期的文章《富豪制和它的基础》中,我们可以看到下面一段话:

"照马尔洛的评论看来,富豪制的最重要的特征是爱好自由主义的国家形式,或至少是爱好自由获取这一原则。如果我们考察一下这个特征,设想一下8—10年以前的情形,那我们就会看出,我们在推行自由主义方面已取得巨大的成就……无论拿哪一种报纸或杂志来说,显然都或多或少地代表着民主的原则,都在为人民的利益而努力。可是,在发表民主观点的同时,甚至在民主观点的掩盖下〈**请注意**这点〉,往往有意无意地实现着富豪的意图。"

作者举圣彼得堡和莫斯科商人给财政大臣的呈文为例,这件呈文表示了俄国资产阶级中这个最可敬的等级对财政大臣的感谢,感谢"他把俄国财政状况确立在尽量扩大唯一富有成果的私人活动上面"。于是作者作出结论说:"富豪分子和富豪趋势在我国社会里无疑是存在的,而且是够多的。"

请看,在很久以前,伟大解放改革(根据尤沙柯夫先生的发现,这个改革本应给"人民"生产开辟一条平稳正常的发展道路,而事实上却只给富豪制开辟了发展道路)印象犹新的时候,你们的前辈自己也不能不承认俄国的个人进取心的富豪性质,即资产阶级性质。

———————————

① 其所以必须更加责备作者不该乱用这个字眼,是因为《俄国财富》杂志爱用"人民的"一词来与"资产阶级的"一词相对立。

为什么您忘记了这一点呢？为什么您在谈论"人民的"流通和借发展"进取心和首创性"来发展"国力"时，不提这一发展的对抗性呢？不提这种进取心和这种首创性的剥削性质呢？当然，可以而且应该反对垄断之类的机构，因为这类机构无疑地使劳动者的状况恶化，可是不应忘记，除了这一切中世纪的桎梏外，束缚劳动者的还有更厉害的现代的资产阶级的桎梏。无疑地，废除垄断对全体"人民"都有益处，因为当资产阶级经济已经成为全国经济的基础时，这些中世纪制度残余只是在资本主义灾难上再加上一些更痛苦的灾难，即中世纪的灾难。无疑地，垄断必须消灭，而且消灭得越快越好，越彻底越好，以便通过清除资产阶级社会继承下来的半农奴制桎梏，使工人阶级能够自由行动，易于进行反对资产阶级的斗争。

所以应该直言不讳地这样说：为了使工人阶级易于进行反对资产阶级制度的斗争，废除垄断和其他一切中世纪的束缚（这种束缚在俄国数不胜数），对工人阶级来说是绝对需要的。不过如此而已。只有资产者才会忘记，在全体"人民"反对中世纪农奴制度的利益一致的背后，存在着"人民"内部的资产阶级和无产阶级的深刻的不可调和的对抗。

不过，要想使"人民之友"因此感到羞愧，那就荒谬了。例如，他们谈到农村需要什么的时候，竟说出这样的话来：

克里文柯先生叙述道："几年前，有些报纸讨论农村需要什么样的职业和哪几种知识分子，结果开了一个很长的五花八门的单子，几乎包括了全部生活领域：男女医生，医助，律师，教员，图书馆和书店的创办人，农艺师，林学家以及从事农业的各种人员，有各种专长的技师（这是一个很广泛的而且几乎还没有涉及的领域），信贷机关与货栈的创办人和领导者，以及其他等等。"

我们就拿工作直接属于经济领域的"知识分子"（??），拿林学家、农艺师、技师等等来说吧。农村确实是多么需要这些人啊！但问题是**什么样的**农村呢？当然是土地占有者的农村，是善于经营的农夫的农村，因为这些人有"储金"，能付给克里文柯先生称之为"知识分子"的那些手艺人以报酬。**这种**农村确实早就渴望有技师，有信贷，有货栈，——所有的经济著作都证明了这点。可是另外还有一种人口多得多而"人民之友"不妨更要经常想到的农村，——这就是破产的、衣衫褴褛的、被刮得一丝不剩的农民的农村，他们不仅没有"储金"来支付"知识分子"的劳动报酬，甚至没有足够的粮食使自己不致饿死。你们还想用**货栈**来帮助**这种**农村!! 我们那些有一匹马的和无马的农民拿什么放到这些货栈里去呢？拿自己的衣服吗？可是，他们早在1891年就已经把自己的衣服典当给乡村和城市里的盘剥者了，那时这班盘剥者为了实行你们那种人道的自由派的办法，已在自己的家里、酒馆里和店铺里设立了真正的"货栈"。剩下的只有一双做工的"手"了。可是对于这种商品，甚至俄国官吏直到现在也还没有想出一种"货栈"来存放……

为"农民"中的技术进步所感动而又闭眼不看这些"农民"大批遭受剥夺，这再明显不过地证明这班"民主主义者"鄙陋到了极点。例如，卡雷舍夫先生在《俄国财富》杂志第2期上（《概述》第12节），居然以自由派白痴的狂喜心情叙述农民经济中的"改进和改良"的情形，"在农民经济中推广良种"，如美国燕麦、瓦萨黑麦、克莱德斯达尔燕麦等等。"有些地方，农民专门划出一小块地来培育种子，在精耕之后，用手种下精选的谷种。""在改良的农具和机器方面"有"名目繁多的新东西"①,如培土器、轻型犁、脱粒机、风车、选种机。"肥料的种类越来越多",有磷钙粉、骨粉肥、鸽子粪等等。"记者们坚决主张必须在各乡设立出售磷钙粉的本地地方自治局货栈";卡雷舍夫先生在引证瓦·沃·先生的《农民经济中的进步潮流》一书(克里文柯先生也引证这本书)而谈到这些令人感动的进步时,简直是热情奔放地说:

"我们只能扼要叙述的这些消息,令人振奋又令人忧郁……  所以令人振奋,是因为这些穷苦的、负债的、多半失去耕马的人,刻苦劳作,毫不灰心,也不改行,仍然忠于土地,懂得他们的未来、他们的力量、他们的财富全靠土地,全靠土地使用得当。〈那当然咯!购买磷钙粉、选种机、脱粒机和克莱德斯达尔燕麦种子的,不用说,就是这些穷苦的失去耕马的农夫啊!啊,多么纯朴的天真啊!但是要知道,写出这种话来的并不是一个贵族女学生,而是一位大学教授,一位政治经济学博士!!不,不管怎样,决不能说这只是由于天真的缘故。〉他们狂热地寻找土地使用得当的方法,寻找新的耕作方法、种子、工具、肥料,寻找一切能使养活他们的土地变得肥沃的手段,而这土地迟早会因此给他们百倍的报酬②……  这些消

---

①  请读者注意这些改良农具在新乌津斯克县的分配情形:占农户总数37%的(贫苦)农民,即28 000户中的10 000农户,在5 724件农具中只占有7件农具,即只占有农具总数0.125%!而占农户总数¼的富户,却独占⅘的农具。

②  尊敬的大学教授先生,您说得十分对,经过改良的经济定会给这"毫不灰心"和"仍然忠于土地"的"人民"以**百倍**的报酬。但"农夫"为了取得磷钙粉等等,就应该不同于挨饿的赤贫大众而有**闲置的**货币,可是货币是落入私人手中的**社会**劳动产品;——占有这种改良的经济的"报酬"就是占有**他人**劳动;只有资产阶级的最可鄙的走卒,才会认为这种丰厚的报酬是"刻苦劳作"、"使养活他们的土地变得肥沃"的户主个人努力的结果。啊,伟大的政治经济学博士,您察觉到这些没有?

息所以令人忧郁,是因为〈也许读者以为,"人民之友"至少在这里会提到农民大批遭受剥夺吧? 因为正是这种剥夺带来和造成土地集中在善于经营的农夫手里,使土地变为**资本**,变为**经过改良的**经济的基础,正是这种剥夺把"空闲的""便宜的""人手"抛向市场,以保证祖国的"进取心"在所有这些脱粒机、选种机、风车方面获得成功。——丝毫也没有提到〉……需要唤醒的正是我们自己。我们对农夫这种振兴自己经济的愿望有什么帮助呢? 对我们来说,有科学、图书、博览馆、货栈和代理店。〈真的,先生们,就是这样并列的:"科学"和"代理店"…… 要研究"人民之友",不要在他们攻击社会民主党人的时候,因为在这种场合他们总是穿上用"父辈理想"的破布缀成的制服,而要在他们穿着便服,详细讨论日常生活问题的时候。那时你们就能观察到这班小市民思想家的全部色彩和气味。〉对农夫来说,有没有这类东西呢? 胚胎当然是有的,却不知为什么发育得很慢。农夫要看实例,但我们的试验田和示范农场在哪里呢? 农夫寻找书本知识,但我们的通俗农学书籍在哪里呢?…… 农夫寻找肥料、工具、种子,但我们存放这些东西的地方自治局货栈,大批的收购,以及购买和推销的方便在哪里呢?…… 你们这些活动家,私人活动家和地方自治机关活动家在哪里呢? 时机早已成熟了,请出来干吧。

> 俄国人民一定会
> 向你们深致谢意!①"
>
> 尼·卡雷舍夫(《俄国财富》杂志第 2 期第 19 页)

请看,他们这些小的"人民"资产者之友,就是这样自我陶醉

---

① 见尼·阿·涅克拉索夫《致播种者》一诗。——编者注

于他们的小市民的进步的！

看来，甚至不必分析我国的农村经济，只要看看我国近代经济史中这一惹人注目的事实，即农民经济中有目共睹的进步和**农民**的大批遭受剥夺同时并存的事实，就会确信把**农民**看成某种内部一致的单一的整体是荒谬的，就会确信所有这些进步都具有资产阶级的性质！可是"人民之友"对这一切都充耳不闻。他们丧失了俄国旧时社会革命民粹派的优点，死抱着他们的一个大错误（不了解农民内部的阶级对抗）不放。

古尔维奇说得很中肯："70 年代的民粹派丝毫不了解农民内部的阶级对抗，认为这种对抗仅限于'剥削者'（盘剥者或豪绅）同他们的牺牲品即富有共产主义精神的农民之间的关系①。只有格列勃·乌斯宾斯基一人持怀疑态度，他嘲笑了这种普遍的错觉。他非常熟悉农民，而且具有洞悉事物本质的大艺术家的才能，所以不能不看到，个人主义已成为不仅是高利贷者和债务人之间、而且是一般农民之间的经济关系的基础。见他的《混为一谈》一文，载于 1882 年《俄国思想》杂志第 1 期。"（同上，第 106 页）

然而，如果说在 60 年代和 70 年代，由于当时有关农村经济的比较确实的资料还很少，当时农村的分化还没有这样明显地暴露出来，因而有这种错觉还情有可原，甚至是自然的事情，那么，现在只有故意闭上眼睛，才会看不见这种分化。非常值得注意的，正是在目前，当农民的破产看来已经达到顶点的时候，到处都可听到关于农民经济中进步潮流的谈论。瓦·沃·先生（也是一位毫无疑

---

① "村社内部已产生了对抗的社会阶级"，——古尔维奇在另一处说。（第 104 页）我引证古尔维奇的话只是为了补充上述实际资料。

义的"人民之友"）写了一整本书来谈这个问题。而且你们不能责备他的话不符合事实。相反，事实是不容置疑的，在农民中间确实有技术上农艺上的进步，但农民大批遭受剥夺的事实也是不容置疑的。"人民之友"只注意"农夫"怎样狂热地寻找新的耕作方法，使养活他的土地变得肥沃起来，却忽视了事情的反面，即"农夫"又在狂热地离开土地。他们像鸵鸟一样把脑袋藏起来，不愿正视现实，不愿看见他们眼前发生的正是农民失去的土地转化为资本的过程，国内市场形成的过程①。请试试来驳倒我国村社农民中间**存在着**这两个完全相反的过程的事实吧，请试试不用我国社会的资产阶级性而用其他原因来**说明**这两个过程吧！这是做不到的！一味唱哈利路亚，满口仁义道德，这就是他们的全部"学问"，他们的全部政治"活动"。

他们甚至把温和自由派对现代制度的这种补缀推崇为一套完整的哲学。克里文柯先生用深思的神情说："生动的小事业远胜于不做的大事业。"——说得多么新颖而聪明。他接着说："小事业决不是小目标的同义语。"为了证明这种"活动的扩大"，即小事业往往变成"正确的和良好的事业"，他举出一位太太创办学校的活动，然后举出律师在农民中间排斥讼棍的活动，并说律师们打算随同地方法院巡回法庭到外省去替被告辩护，最后举出我们已经熟悉的设立手工业货栈的办法：在这里活动的扩大（扩大到具有大目标的规模），就是要"用各地方自治机关的联合力量在最热闹

---

① 寻找"新的耕作方法"所以变得"狂热"起来，正是因为善于经营的农夫要经营更大的经济，对这种经济用旧的方法是应付不了的，——正是因为农业日益具有商品的资产阶级的性质，竞争才迫使他们去寻找新的方法。

124

的地点"设立货栈。

所有这些当然都是很高尚的、人道的和自由主义的事业,其所以是"自由主义的",是因为这种事业将为资产阶级经济体系清除一切中世纪的束缚,从而便于工人同这个体系进行斗争。这类办法当然不仅不会触犯反而会加强这个体系,——这一切我们早已在俄国自由派的一切出版物上读到过了。如果不是《俄国财富》杂志的先生们迫使我们进行反驳的话,这本来是不值得进行反驳的:这班先生竟提出这些"温和的自由主义幼芽"来**攻击**社会民主党人,并且教训他们,责备他们背弃"父辈理想"。所以我们也就不能不说,他们建议并举出这种温和谨慎的**自由主义的**(即为资产阶级服务的)活动来反驳社会民主党人,至少是可笑的。至于说到父辈和他们的理想,那我们应该指出,不管俄国民粹派的旧理论如何错误,如何空想,但它们对这类"温和的自由主义幼芽"还是采取**无条件的**否定态度的。引号内的说法是我从尼·康·米海洛夫斯基先生的《关于马克思的一本书的俄文版》(1872年《祖国纪事》杂志第4期)这篇短评中抄来的,这篇短评写得很生动、有力而新颖(同他现在写的东西相比),并且激烈地反对不要得罪我国年轻自由派的建议。

但这是很久以前的事了,久得连"人民之友"早已把这一切忘得干干净净了,并且他们的策略也清楚地表明:要是对政治机构缺乏唯物主义的批判,要是不理解现代国家的阶级性质,从政治上的激进主义到政治上的机会主义就只有一步之差。

下面是这种机会主义的几个实例:

尤沙柯夫先生宣称:"把国家产业部改组为农业部,可能对我国经济发展进程有深远的影响,但也可能只是更换一些官吏而

已。"(《俄国财富》杂志第 10 期)

也就是说，一切都取决于"被召去"的是什么人，是人民之友还是地主资本家利益的代表。利益本身是可以不触动的。

"保护经济上的弱者不受经济上的强者欺凌，是国家干预的首要的天然任务"，——同一位尤沙柯夫先生在同一地方这样继续说，而《俄国财富》杂志第 2 期的国内生活栏编者又用同样的话重复说。为了使人毫不怀疑他也同他的值得尊敬的同伙，即西欧自由派和激进派的小市民思想家一样懂得这种慈善主义的谬论①，他接着补充说：

"格莱斯顿土地法案**44**，俾斯麦工人保险法**45**，工厂视察制，在我国设立农民银行的主张，组织移民事宜，以及反对盘剥者的措施，这都是运用这种国家干预原则以保护经济上的弱者的尝试。"

这些话好就好在说得很坦白。作者在这里直截了当地说，他像格莱斯顿先生之流和俾斯麦先生之流一样，想要站在现存社会关系的基础上，——也就是想要修补现代社会（即资产阶级社会，——不过他不理解这点，也像西欧那班拥护格莱斯顿之流和俾斯麦之流的人不理解这点一样），而不是想要反对现代社会。同他们这种基本理论观点完全一致的，还有下述一点：他们把在现代社会基础上成长起来的并保护现代社会统治阶级利益的机关即国家，看做是实行改革的工具。他们简直认为国家是万能的，是凌驾于一切阶级之上的，他们不仅期待它来"支持"劳动者，而且期待它来创立真正的正常秩序（像克里文柯先生所说的那样）。不过，

---

① 这所以是谬论，是因为"经济上的强者"的力量也在于他们握有政权。没有这种政权，他们也就不能保持自己的经济统治。

他们既是十足的小市民思想家,当然也不能期待他们有别的什么看法。要知道,小市民的基本特征之一(这个特征也使他们成为反动的阶级),就在于小生产者为生产条件本身所分散和隔绝,被束缚于一定的地方和一定的剥削者,因此,不能了解使他受到的痛苦有时并不亚于无产者的那种剥削和压迫的阶级性质,不能了解资产阶级社会里的国家也不能不是阶级的国家①。

可是,最可敬的"人民之友"先生们,为什么我国政府一直努力(从这个解放改革时期起特别努力)"支持、保护和创立"的,只是资产阶级和资本主义呢? 为什么这个仿佛凌驾于一切阶级之上的专制政府的这种不好的活动,恰巧同国内生活中以商品经济、商业和工业的发展为特色的历史时期相吻合呢? 为什么你们认为近来国内生活中的这些变化是后果,而政府的政策是前因呢? ——尽管初期变化是在深处发生的,以致政府没有觉察出来,并且多方加以阻挠,尽管这个"专制"政府在国内生活的另一种条件下曾"支持"、"保护"和"创立"过另一个阶级。

噢,"人民之友"是从来不向自己提出这类问题的! 据说这一切都是唯物主义和辩证法,"黑格尔主义","神秘主义和形而上学"。他们简直以为只要向这个政府客客气气温顺地请求一下,它就会把一切都安顿得妥妥帖帖。至于说到客气一层,那么应当

———————

① "人民之友"所以是最恶毒的反动分子,是因为他们说国家的天然任务是保护经济上的弱者(照他们那种庸俗的老太婆式的说教来看,事情**应当**如此),然而俄国的全部历史和对内政策都证明,我们国家的任务仅仅是保护地主-农奴主和大资产阶级,并用最残忍手段对付"**经济上的弱者**"的任何自卫企图。这当然是它的**天然**任务,因为专制制度和官僚制度是浸透了农奴主-资产阶级的精神的,因为资产阶级在经济领域统治一切,支配一切,把工人控制得"静如止水,低如草芥"。

为《俄国财富》杂志说句公道话，的确，就是在俄国自由派报刊中间，它也是以毫无独立性而超群出众的。你们自己判断吧：

"废除盐税、废除人头税和减低赎金[46]"被尤沙柯夫先生称为"纾缓人民经济的重大办法"。唔，当然咯！可是废除盐税时，不是规定了一大堆新的间接税而且提高了原有的间接税吗？废除人头税时，不是在改税金为赎金的借口下增加了前国家农民的纳款数额吗？在臭名远扬的减低赎金办法（国家并没有因为实行这一办法而把它办理赎地手续赚得的钱归还农民）实行以后，纳款数额同土地收入不相称的情形，即农奴制代役租的直接残余不是至今仍旧存在吗？——这算得了什么！这里重要的只是"第一步"，只是"原则"，至于其他的东西……将来还可请求一下嘛！

但这一切都不过是花朵。现在请看看果实吧：

"80年代减轻了人民负担（正是用的上述办法），因而拯救了人民免于彻底破产。"

又是无耻奴才的典型词句，只有上面引证的那段米海洛夫斯基先生关于我国还要创造无产阶级的言论才可与之媲美。说到这里，不禁使人想起谢德林描绘得惟妙惟肖的一位俄国自由主义者的演变经过[47]。这位自由主义者始而请求长官"尽可能地"实行改良，继而央求"哪怕一点儿也行"，最后则采取了永远不变的"同流合污"的立场。当千百万人遭受饥荒，政府对之始而采取小商小贩的吝啬态度，继而采取小商小贩的畏缩态度的印象还很新鲜的时候，"人民之友"竟在报刊上说政府拯救了人民免于彻底破产，这怎能不叫人说他们采取的也是这种永远不变的立场呢！！对农民再加紧剥夺几年以后，政府除成立农业部外，还会废除一两种直接税而颁布几种新的间接税；然后又会使4 000万人遭受饥荒，那时这班先生又会照样写道:你看,现在遭受饥荒的是 4 000 万人,而不是 5 000 万人,这是因为政府减轻了人民的负担,拯救了人民免于彻底破产,这是因为政府听从了"人民之友"的意见,成立了农业部!

另一个例子:

《俄国财富》杂志第 2 期国内生活栏编者在谈论俄国"幸而"(原文如此!)是一个落后国家,"还保存着可供按一致原则①论证俄国经济制度的因素"时说:因此,俄国能够充当"国际关系中经济一致的传播者",俄国的不容争辩的"政治威力"更使俄国有机会这样去做!!

这个欧洲宪兵,这个一切反动势力的经常的和最可靠的支柱,把俄罗斯人民弄到如此可耻的地步,使他们既在本国受压制,又充当压制西欧各国人民的工具,——这个宪兵现在居然被说成是经济一致原则的传播者!

这未免太过分了!"人民之友"先生们大大超过了一切自由主义者。他们不仅是请求政府,不仅是赞美政府,他们简直是向这个政府祷告,磕头祷告,祷告得这么起劲,使人听见他们虔诚的额头碰地的响声就不禁毛骨悚然。

你们记得德国人给庸人下的定义吗?

什么是庸人?

一根空肠子,

充满恐惧和希望,

---

① 谁和谁一致呢?地主和农民吗?善于经营的农夫和游民吗?厂主和工人吗?要领悟这种经典式的"一致原则",就应记住企业主和工人的一致是靠"减低工资"达到的。

乞求上帝发慈悲。

这个定义用在这里稍微有点不合适。上帝……上帝在我国完全处于第二位。长官可就是另一回事了。如果我们把这个定义中的"上帝"换成"长官",那么,俄国人道的自由主义的"人民之友"的思想行囊、道德水平和正义感就都最确切地表达出来了。

"人民之友"除了对政府有这种极端荒谬的看法外,对所谓"知识分子"也抱着同样的态度。克里文柯先生写道:"著作界"……应该"根据现象的社会意义评价现象和鼓励每一个行善的积极尝试。著作界老是说教员、医生、技师不够,老是说人民生病、贫穷〈技术人员少!〉、不识字等等,所以当一些人在赌桌跟前坐厌了,票友干厌了,贵族代表的鱼馅烤饼吃腻了,不顾重重障碍,以罕有的自我牺牲精神〈真了不起:居然把赌桌、戏剧和馅饼都舍弃了!〉出来工作的时候,著作界就应该表示欢迎"。

往下两页,他又以一个老练的官吏郑重其事地申斥一些人"犹豫不决,不知道应不应当按照新条例去当地方官、市长、地方自治局主席和委员。对公民的要求和义务有高度认识的社会人士〈先生们,请注意,这确实可以和俄国著名的彭帕杜尔们,即巴拉诺夫之流或科西奇之流的言论媲美!〉,既不会这样犹豫不决,也不会这样对待事情,因为他们对任何一种重要改良,都会按照自己的方式加以同化,也就是说,会把它的切合时宜的方面加以利用和发展,而把它无用的方面变成空文;如果改良中没有任何重要的东西,那它就会完全成为一种赘物了"。

鬼知道说的是什么!分明是一钱不值的机会主义,却这样自吹自擂!原来著作界的任务,就是搜集沙龙中对凶恶的马克思主义者的流言蜚语,磕头感谢政府拯救人民免于彻底破产,欢迎那些在赌桌跟前坐厌了的人,教导"公众"甚至不要推辞地方官一类的职位……　我看的是什么呀?是《星期周报》[48]还是《新时报》呢?不是,是在看《俄国财富》杂志,俄国先进的民主派的刊物……

这班先生还高谈"父辈理想",大言不惭地说,他们,正是他们,保护着法国向全欧洲传播社会主义思想那个时代的传统,——因为那时俄国接受了这种思想,才有了赫尔岑和车尔尼雪夫斯基的理论和学说。这简直不像话,要不是《俄国财富》杂志显得太滑稽可笑,要不是这种杂志上的类似言论总是引人发笑,那真会令人十分愤慨和不平。是的,是你们在糟蹋这些理想!考茨基说过:"当时每个社会主义者都是诗人,每个诗人都是社会主义者"。俄国第一批社会主义者,即考茨基如此中肯地评价过的那个时代的社会主义者,他们的这些理想究竟是什么呢?

**相信俄国生活的特殊方式,相信俄国生活的村社制度,由此相信农民社会主义革命的可能性,**——这就是鼓舞他们、唤起成十成百的人去同政府作英勇斗争的东西。你们不能责备社会民主党人,说他们不善于看重当时这些优秀人物的巨大历史功绩,不善于敬仰这些人物。可是我要问问你们:现在这种信仰究竟在哪里呢?它没有了,根本没有了,所以当去年瓦·沃·先生想说村社能培养人民从事一致的活动,村社是利他主义情感的泉源等等的时候,甚至米海洛夫斯基先生也感到惭愧,羞答答地责备瓦·沃·先生说:"没有一项**研究**能证明我国村社同利他主义是有联系的。"的确,没有这种研究。可是说也奇怪,有一个时候,人们没有作任何研究也相信了这一点,并且是真心实意地相信了这一点。

怎么?为什么?根据什么?……

——"当时每个社会主义者都是诗人，每个诗人都是社会主义者。"

同一位米海洛夫斯基先生又补充说，一切诚实的研究家还一致认为农村在分裂，一方面分化出无产阶级大众，一方面分化出一小群把其余居民踩在自己脚下的"盘剥者"。他又说对了，农村确实在分裂。不仅如此，农村早已完全分裂了。同时俄国旧的农民社会主义也随着分裂了，一方面让位给工人社会主义，一方面堕落为庸俗的小市民激进主义。这种变化不能叫做别的，只能叫做堕落。关于农民生活的特殊方式、关于我国十分独特的发展道路的学说，已经变成软弱无力的折中主义了，这种折中主义已经不能否认商品经济成了经济发展的基础，已经不能否认商品经济变成了资本主义，可是又不愿看见一切生产关系的资产阶级性质，不愿看见在这个制度下的阶级斗争的必然性。以**发动农民**进行**反对现代社会基础**的社会主义革命为目标的政治纲领①，已经变成以**在保存现代社会基础的条件下**去补缀和"改善"农民状况为目标的纲领了。

老实说，从上述一切已经可以看出，当《俄国财富》杂志这些先生们要"猛击"社会民主党人的时候，他们会提出什么样的"批评"。他们并不打算直率诚恳地叙述社会民主党人对俄国现实的看法（就防备书报检查来说，这本来是完全可以做到的，只要偏重于经济方面，只要始终采用他们的全部"论战"所采用的那种笼统

---

① 其实，我国一切旧的革命纲领归结起来都是这样，例如巴枯宁派和骚乱派**49**、民粹派以至民意党都是这样，他们都相信农民会把占压倒多数的社会主义者派去参加未来的国民代表会议**50**，这种信念在他们那里所占的位置远非末位。

的、带点伊索式的表达方式就行了）并从实质上反驳这种看法,反驳从这种看法得出的实际结论的正确性。他们不这样做,宁愿用一些毫无内容的词句支吾搪塞,谈论抽象公式和对这些公式的信念,以及深信每个国家必须经过某某阶段……等等之类的鬼话,这种鬼话我们在米海洛夫斯基先生那里已经听够了。同时还出现公然的歪曲。例如,克里文柯先生说马克思"承认我们只要愿意〈?!! 这么说,**在马克思看来**,社会经济关系的演进是以人们的意志和意识为转移的了?? 这究竟是什么,是十足的愚昧无知,还是无比的厚颜无耻?!〉并措置得当,就能避免资本主义的波折而走上另一条较为适当的道路〈原文如此!!!〉"。

我们的骑士只有靠公然的歪曲捏造才能说出这种胡话。克里文柯先生从有名的《马克思的一封信》(1888 年《法学通报》杂志第 10 期)中,摘引了马克思谈到他很尊敬车尔尼雪夫斯基(他认为俄国有可能"不经受资本主义制度的痛苦")的一段话,加上引号,即确切地转述了马克思的话(最后一句是:"他〈车尔尼雪夫斯基〉主张后一种解决法"),然后补充说:"马克思说,我**也赞同**〈黑体是克里文柯先生原有的〉这种观点。"(第 12 期第 186 页)

其实马克思是这样说的:"我的可敬的批评家既然可以根据我同那位俄国'文学家'和泛斯拉夫主义者[51]的争论得出我不同意他关于这个问题的观点的结论,那么,他至少也同样有理由根据我对这位'俄国的伟大学者和批评家'的尊重断定我同意他关于这个问题的观点。"①(1888 年《法学通报》杂志第 10 期第 271 页)

总之,马克思是说,米海洛夫斯基先生没有理由把他看做是俄

---

① 见《马克思恩格斯选集》第 3 版第 3 卷第 728 页。——编者注

国特殊发展观的反对者,因为马克思对赞成这种观点的人也很尊敬,而克里文柯先生却曲解成似乎马克思"承认"这种特殊发展。简直是撒谎。马克思的这个声明十分清楚地表明,他不愿从实质上回答问题:"米海洛夫斯基先生可以随便把两种互相矛盾的意见中的一种拿来作根据,也就是说,他既不能根据这种意见也不能根据另一种意见来断定我对俄国事情的看法。"为了使这些意见不致成为曲解的借口,马克思又在这封《信》里直截了当地回答了他的理论怎样应用于俄国的问题。这一回答特别清楚地表明,马克思当时不愿从实质上回答问题,不愿分析那些唯一能够解决问题的俄国资料。他回答说:"假如俄国想要遵照西欧各国的先例成为一个资本主义国家——它最近几年已经在这方面费了很大的精力——,它不先把很大一部分农民变成无产者就达不到这个目的。"①

看来,这已经十分清楚了:当时问题正是在于俄国是不是力求成为一个资本主义国家,俄国农民的破产是不是资本主义制度和资本主义无产阶级的形成过程;而马克思说,"假如"俄国力求成为这样的国家,就必须把相当大的一部分农民变成无产者。换句话说,马克思的理论是在研究和说明某些国家的经济制度的演进;至于把这种理论"应用"到俄国来,只能是**利用**已经创造出来的**唯物主义**方法和**理论**政治经济学方法,来**研究**俄国生产关系及其演进情形。②

---

① 见《马克思恩格斯选集》第 3 版第 3 卷第 730 页。——编者注
② 再说一遍,这个结论对每一个读过《共产党宣言》《哲学的贫困》和《资本论》的人不会不清楚,只有对米海洛夫斯基先生一个人才需要专门作解释。

新的方法论和新的政治经济学理论的创立,是社会科学的极大进步,是社会主义的巨大进展,所以《资本论》一出现,"俄国资本主义的命运"问题就成了俄国社会主义者的主要理论问题,最热烈的争论都集中在这个问题上,最重要的纲领性原理的解决都以这个问题为转移。值得注意的是,当时(10 年以前)出现了一个单独的社会主义者团体,它对俄国资本主义演进问题作了肯定的回答,而这种回答是以俄国经济现实的资料为依据的,那时它并没有遇到直接的和确定的实质性批评,没有遇到接受共同的方法论原理和理论原理而对有关资料作出不同解释的批评。

"人民之友"虽然向马克思主义者大举进攻,可是同样没有通过分析实际资料提出论证。我们在第一篇文章里看到,他们总是用空话支吾搪塞。同时,米海洛夫斯基先生不放过机会来卖弄自己的机智,说马克思主义者没有一致的意见,说他们彼此之间没有商妥。于是"我国著名的"尼·康·米海洛夫斯基一想到他说的"真正的"马克思主义者和"非真正的"马克思主义者的俏皮话,就乐得不可开交。马克思主义者意见不完全一致,这是事实。可是,第一,这个事实被米海洛夫斯基先生歪曲了;第二,这个事实不是证明俄国社会民主党软弱无力,而恰恰是证明他们有力量有生气。近来特别突出的现象是,社会主义者循着各种不同的道路达到社会民主主义观点,因此,他们在基本的和主要的论点上,是绝对一致的,都认为俄国是从农奴制度成长起来的资产阶级社会,这个社会的政治形式是阶级国家,结束对劳动者剥削的唯一途径是无产阶级的阶级斗争;但在许多局部问题上,他们的论证方法或对俄国生活某些现象的详细解释是有不同的。因此,我可以用下面的话先叫米海洛夫斯基先生高兴高兴:例如,在这篇简评提到的那些问题上，即在农民改革、农民的农业和手工业经济、租佃等等问题上，在刚才说过的所有社会民主党人公认的基本论点的范围内，是存在着不同意见的。从前人们意见一致，是因为当时都满足于一致承认这样一些"崇高真理"，如农民改革**会**给俄国开辟正常发展的平稳道路，国家**会**召请"人民之友"而不召请资本主义利益的代表，村社**会**使农业和加工工业一同社会化，而手工业者**会**把加工工业变成大生产，**人民**租佃支持**人民**经济等；现在这种引人入胜的和令人感动的意见一致，已为人们的意见分歧所代替了，因为现在人们正在探索如何说明俄国**现实的**、**已有的**经济组织是一定生产关系的体系，如何说明这一体系的**现实**经济的演进、这一体系的政治上层建筑和其他一切上层建筑。

这种工作一方面使人们从不同的观点出发承认一个总的原理（这一原理无疑决定着一致的政治活动，因而使一切接受这一原理的人都有权利和义务认为自己是并且自称是"**社会民主党人**"），一方面又使大家在许多按不同观点解决的局部问题上有发生意见分歧的余地，这当然只是证明俄国社会民主党有力量有生气。①

同时，进行这一工作的条件又坏得简直难以想象：没有也不可能有一个把分散的工作统一起来的机关，在我国警察统治的条件下，私人交往极其困难。显然，社会民主党人在细节上不可能充分

---

① 原因很简单，因为这些问题直到今天还**根本没有解决**。断言"人民租佃支持人民经济"，或把用农民农具耕种地主土地的制度描绘为"农民胜过地主"、地主"牺牲自己的独立性以利于独立的农民"、"农民已从地主手里夺去大生产"、"人民在为农业形式而斗争中成了胜利者"，实际上这决不能算是解决了租佃问题。这只是"我国著名的"瓦·沃·先生的《资本主义的命运》一文中的自由主义空谈。

商讨和取得一致,他们会互相矛盾……

你看,这不是确实可笑吗?

在克里文柯先生同社会民主党人的"论战"中,有一点可能令人莫名其妙,就是他谈到什么"新马克思主义者"。有些读者会以为社会民主党人中间发生了什么分裂,从旧社会民主党人中间分化出了"新马克思主义者"。根本没有这么一回事。没有任何人在任何地方和任何时候,为了马克思主义来公开批评俄国社会民主党人的理论和纲领,而拥护另一种马克思主义。原来,克里文柯先生和米海洛夫斯基先生听到好多交际场中对马克思主义者的种种流言蜚语,看到好多自由派用马克思主义来掩饰自己那种自由派的内心空虚,于是以他们两人特有的机智和圆滑,拿出这样一套货色来"批评"马克思主义者。无怪乎这种"批评"是一连串的大笑话和卑鄙的攻击。

克里文柯先生说:"要首尾一贯,就必须对此作出肯定的答复"(答复"该不该努力发展资本主义工业"的问题),"既不怕收买农民土地,也不怕开设店铺和酒馆",要"欢迎许多酒馆老板在杜马中获得成功,帮助为数更多的包买主收买农民粮食"。

这真是可笑极了。你试向这样一位"人民之友"说,俄国各地劳动者所受的剥削实质上都是资本主义的剥削,根据某些证明农民分化的资产阶级性质的政治经济标志,农村善于经营的农夫和包买主应当被算做资本主义的代表,那他一定会嚎叫起来,把这叫做不可思议的邪说,高喊这是盲目抄袭西欧公式和抽象图式(同时小心翼翼地回避"邪说"论据的实际内容)。可是当需要大肆渲染凶恶的马克思主义者带来的"惨象"时,却可以把高尚的科学和纯洁的理想都丢在一边,可以承认收买农民粮食和农民土地的包买主确实是资本主义的代表，而不只是别人成果的"猎取者"。

你试向这位"人民之友"证明说，现在俄国资产阶级由于把生产资料集中在自己手中，不仅已在各地控制着人民劳动，而且对政府施加压力，造成、迫使和决定政府的政策具有资产阶级的性质，那他一定会大发雷霆，高喊我国政府是万能的，它只是由于可悲的误会和偶然的不幸，才总是"召请"资本主义利益的代表，而不"召请""人民之友"，它是在人为地培植资本主义……　而在暗地里自己又不得不承认杜马（即仿佛凌驾于一切阶级之上的政府的成分之一）中的酒馆老板是资本主义的代表。可是，诸位先生，难道我们俄国资本主义的利益只是由"杜马"代表，只是由"酒馆老板"代表吗？……

至于卑鄙的攻击，我们在米海洛夫斯基先生那里已经看得够多了，现在我们又在克里文柯先生这里碰到了。例如，克里文柯先生一心想消灭可恨的社会民主主义，说"有些人去工厂（当然是在能取得技师和办事员的好位置的时候），动机完全是为了加速资本主义过程"。当然，对这种很不体面的说法，根本用不着回答。只能到此为止。

先生们，请你们以同样精神大胆地说下去吧！帝国政府，也就是你们刚才说的已采取种种办法（虽然也有缺点）来拯救人民免于彻底破产的那个政府，一定会采取再没有任何缺点的办法来拯救你们，使你们的鄙陋无知不致被揭露出来。"文化界"照旧会在吃鱼馅烤饼和赌博的间隙兴致勃勃地谈论小兄弟，编制"改善"小兄弟境遇的人道方案；他们的代表人物听到你们说，他们充任地方官或其他盯住农民腰包的监视者，是他们充分意识到公民要求和公民义务的表现，一定会感到满意。说下去吧！保证你们不但平安无事,而且会得到……出自布勒宁这类先生之口的赞赏和夸奖。

————

在结束本文时,看来,不妨回答一下大概已有不少读者想到的问题。是不是值得同这班先生这样长谈呢?是不是值得认真回答这一大堆美其名为论战实则受到书报检查机关保护的自由主义的肮脏言论呢?

我觉得是值得的,当然,这不是为了他们,也不是为了"文化界的"公众,而是为了俄国社会主义者能够而且应该从这次进攻中取得有益的教训。这次进攻最明显最确凿地证明,民主主义和社会主义融合为一个不可分割的整体的俄国社会发展时代(例如车尔尼雪夫斯基时代就是如此)已一去不复返了。那种认为俄国民主主义者思想和社会主义者思想似乎没有深刻的质的区别的看法(这种看法到现在还多少存在于俄国社会主义者中间,使他们的理论和实践都受到极坏的影响),现在已根本没有存在的基础了。

完全相反,这两种思想之间横着一条鸿沟,俄国社会主义者早就应该懂得这点了,早就应该懂得同民主主义者的思想**完全**和**彻底决裂的必然性**和**绝对的必要性**了。

现在我们来看看,这个俄国民主主义者在产生上述看法的那个时代究竟是什么人,后来又变成了什么人。"人民之友"给我们提供了作这种对照的充分材料。

在这方面非常值得注意的是克里文柯先生对司徒卢威先生的攻击,后者曾在一个德文刊物上反对尼古·—逊先生的空想主义(司徒卢威先生的短评《论俄国资本主义发展问题》,发表在1893

年10月2日出版的《社会政治中央导报》<sup>52</sup>第3卷第1期上)。克里文柯先生大肆攻击司徒卢威先生,说他把"拥护村社和份地"的人的思想当做"民族社会主义"(照他的说法,民族社会主义是"纯粹空想性质的")。这一仿佛是社会主义的可怕罪名,使最可敬的作者大发雷霆。

他高喊道:"难道再没有人〈除赫尔岑、车尔尼雪夫斯基和民粹派外〉拥护村社和份地了吗? 那些起草农民条例、把村社和农民的经济独立性当做改革基础的人呢,那些研究我国历史和现代生活、拥护这些原则的人呢,同样拥护这些原则的我国几乎全部严肃正派的报刊呢? ——难道这一切都是所谓'民族社会主义'这一错误思想的牺牲品吗?"

安静点吧,最可敬的"人民之友"先生! 您竟被这一社会主义的可怕罪名吓成这个样子,甚至不愿花点工夫把司徒卢威先生的"小文章"细读一遍。真的,把社会主义罪名加在"拥护村社和份地"的人头上,是多么不公平啊! 得了吧,这里有什么社会主义呀? 要知道,反对剥削劳动者的抗议和斗争,目的在于完全消灭这种剥削的斗争,才叫做社会主义,而"拥护份地"则是主张农民赎买以前由他们支配的全部土地。即使不是主张赎买,而是主张无代价地把农民在改革前所占有的全部土地留归农民,那也还是没有半点社会主义,因为这种农民土地所有制(在封建时期形成的),在西欧各地也和在我们俄国一样①,都是资产阶级社会的基础。当谁都知道在村社内部安然存在着和不断产生着对劳动者的剥削的时候,"拥护村社",也就是说,反对用警察手段干涉通常的

---

① 农民的分化就是证明。

土地分配方法,究竟有什么社会主义呢?这未免把"社会主义"一词用得太滥了,也许要把波别多诺斯采夫先生也列为社会主义者吧!

司徒卢威先生根本没有说过这种骇人听闻的不公道的话。他说的是**民粹派**的"民族社会主义的空想性",至于他把什么人算做民粹派,那可以从他把普列汉诺夫的《我们的意见分歧》一书叫做同民粹派的论战这一点上看出来。普列汉诺夫无疑是同社会主义者,同那些与俄国"严肃正派的"报刊毫不相干的人进行论战的。因此,克里文柯先生没有任何权利把属于民粹派的东西归到自己名下。如果他一定要想知道司徒卢威先生对于自己所属的那个派别的意见,那我就奇怪他为什么没有注意到、**没有替**《**俄国财富**》**杂志翻译**出司徒卢威先生文章里的下面一段话:

"随着资本主义的向前发展,我们刚才叙述过的世界观〈民粹主义的世界观〉就要失去基础。它或者是堕落为一种只会妥协并且力求妥协的十分虚弱的改良派①(这种可望得到发展的势头早已有了);或者是承认现实的发展是不可避免的,并作出由此必然产生的理论的和实践的结论,换句话说,就不再是空想主义的了。"

如果克里文柯先生猜不出我国这种只会妥协的派别的苗头在哪里,那我就劝他瞧一瞧《俄国财富》杂志,瞧一瞧这个杂志可怜地企图把民粹主义学说的片言只语和对俄国资本主义发展的承认凑在一起的理论观点,瞧一瞧这个杂志指望在现有资本主义制度

---

① Ziemlich blasse kompromißfähige und kompromißsüchtige Reformrich-tung——用俄文来说,这似乎也可译成文化派的机会主义。

基础上改善和恢复小生产者经济的政治纲领①。

民粹主义堕落为小市民机会主义,这是近来我国社会生活中最突出最重大的现象之一。

的确,如果我们看看《俄国财富》杂志的纲领内容,看看所有这些调整移民和租佃、所有这些低利贷款、博览馆、货栈、技术改良、劳动组合和共耕制,那我们就会看出,这个纲领在所有"严肃正派的报刊"上,就是说,在不算是农奴主报刊或御用报刊的自由派报刊上,确实流传很广。关于这一切办法的必要性、有益性、迫切性和"无害性"的观念,在整个知识界中已根深蒂固,并得到了非常广泛的传播:无论在外地各大小报纸上,或在地方自治局的一

---

① 克里文柯先生想对司徒卢威先生进行攻击的企图,只会令人觉得可怜。这简直像小孩子一样没有能力认真提出什么反驳意见,而又像小孩子一样恼怒起来。例如,司徒卢威先生说尼古·一逊先生是"空想主义者"。他同时十分明白地指出他为什么这样称呼他,(1)因为他忽略了"俄国现实的发展";(2)因为他不理解我们国家的阶级性质,而向"社会"和"国家"呼吁。克里文柯先生能用什么来反驳这一点呢?他是不是否认我国的发展确实是资本主义的呢?他是不是说我国的发展是别的什么发展呢?他是不是说我们的国家不是阶级国家呢?不,他宁肯完全避开这些问题,用可笑的愤怒来攻击他自己臆造出来的"死板公式"。再举一个例子。司徒卢威先生除责备尼古·一逊先生不理解阶级斗争外,还责备他在理论方面犯了一些有关"纯粹经济事实"的大错误。例如他指出,尼古·一逊先生说我国非农业人口数量不大,却"没有看出,俄国资本主义的发展恰巧会把这80%(俄国农村人口)和44%(美国农村人口)的差别拉平,可以说这就是它的历史使命"。第一,克里文柯先生歪曲了这句话,说"我们的"(?)使命是使农民丧失土地,其实这里讲的只是资本主义有缩减农村人口的趋势;第二,他对问题实质(是不是可能有一种不会使农村人口减少的资本主义呢?)只字未提,就信口胡说什么"书呆子"之类的昏话。见附录二(本书第176页。——编者注)。

切调查材料、汇编、记述等等中，都会碰见这种观念。如果把**这**当做民粹主义，那么，得到的成功当然是巨大而不容争辩的。

不过这根本不是民粹主义（就这个词旧有的惯用的意义来说），并且这种成功和这种广为流传，是以民粹主义的庸俗化为代价的，是以同我国自由主义针锋相对的社会革命的民粹主义转变为同这种自由主义同流合污的、仅仅代表小资产阶级利益的文化派的机会主义为代价的。

只要看看上述农民和手工业者分化的情景，就会确信后面这一点。这种情景并不是在描绘什么个别的或新的事实，不过是试图用政治经济学的语言来表达"吸血鬼"和"雇农"的"学校"这个意思，而这种"学校"在我国农村的存在，是连论敌们也不否认的。不言而喻，"民粹主义的"措施只能加强小资产阶级，或者（劳动组合和共耕制）必然是一种微不足道的治标办法，是一种无聊的试验；自由派资产阶级在欧洲各地那样温和地推行这种试验，原因很简单，因为这种试验丝毫也不触犯这个"学校"本身。由于这同一原因，甚至叶尔莫洛夫先生和维特先生之流也丝毫不会反对这种进步。恰恰相反。先生们，请干下去吧！他们甚至会发给你们"试验"费，——只要能诱使"知识分子"脱离革命工作（即强调对抗，向无产阶级解释这种对抗，设法把这种对抗引上直接政治斗争的大道），而去干弥缝对抗、调和及联合之类的事情。请干下去吧！

现在我们稍微谈谈民粹主义堕落到这种地步的过程。这一理论在它产生时，在它的原始形态中，是颇为严整的，它从人民生活的特殊方式这一观念出发，相信"村社"农民具有共产主义的本能，因此认为农民是直接为社会主义奋斗的战士。可是，一方面，它缺乏理论上的研究,缺乏俄国生活事实的印证;另一方面,它在运用这种以农民上述假想品质为基础的政治纲领方面又缺乏经验。

于是这一理论朝着理论和实践两方面发展下去了。理论工作主要是研究他们想看做共产主义萌芽的那种土地**占有**形式;这一工作提供了多方面的极其丰富的实际材料。可是这种多半涉及土地**占有**形式的材料,使得研究者完全忽略了农村的**经济**。发生这种情形是自然的,尤其是因为:第一,研究者没有一种坚定的社会科学的方法论,即没有一种说明必须把生产关系划分出来单独加以研究的理论;第二,所收集的实际材料都是直接提到农民的迫切需要,提到使农民经济受到压制的眼前灾难。于是研究者便一心一意来研究这些灾难,如农民缺少土地、税款过重、毫无权利、备受欺压的情形。这一切都叙述、研究和解释得这样详细,用的材料这样丰富,假如我们的国家不是阶级国家,假如它的政策不是以统治阶级的利益为转移,而是以公正地讨论"人民需要"为转移,那么,它一定万分相信消除这些灾难是必要的。天真的研究者们相信社会和国家是可以"感化"的,完全沉溺在他们所收集的那些事实的细节中,唯独忽略了农村的政治经济结构,忽略了那种真正苦于这些眼前直接灾难的经济的主要背景。结果自然是:本来要维护苦于缺少土地等等现象的经济的利益,现在却是维护那个把持这种经济的阶级的利益,因为只有这个阶级才能**在村社内部**现存社会经济关系下,在国内现存经济制度下维持和发展起来。

理论工作本来是要研究出一种制度,这种制度应当成为铲除剥削的基础和支柱,结果却制定了一个代表小资产阶级(即正是支撑这种剥削制度的阶级)利益的纲领!

同时，实际革命工作也是完全朝着意外的方向发展的。社会主义者既然相信农夫具有共产主义本能，自然就要把政治置诸脑后而"到民间去"。于是一大批最有毅力最有才能的工作者就来着手实现这个纲领，但他们在实践中不得不承认农夫具有共产主义本能的想法是幼稚的。这时他们认为问题不在于农夫而在于政府，因此把全部工作转到同政府作斗争，而进行斗争的只是一些知识分子和间或追随他们的**工人**。这个斗争起初是为了社会主义，它所依据的理论是：人民已决心实现社会主义，只要夺得政权，不仅能完成政治革命，而且能完成社会革命。近来这个理论显然已经威信扫地，于是民意党反对政府的斗争，也就变成激进派争取政治自由的斗争。

因而，从另一方面说，工作导致了与其出发点恰巧相反的结果；从另一方面说，得出了一个只代表激进资产阶级民主派利益的纲领。其实，这一过程还没有完结，但看来已经完全明确了。民粹派的这种发展是十分自然的和不可避免的，因为他们的学说是以农民经济有其特殊结构（村社）这一纯神话式的观念为基础的：神话一接触现实就烟消云散了，于是农民社会主义就变成了一种代表小资产阶级农民利益的激进民主主义。

我举几个例子来说明民主主义者的演变：

克里文柯先生议论道："不要没有成为完人倒成了全俄国的懦夫，满脑子是模糊的美好感情，但既不能真正献身也不能做出什么切实的事情。"说教是很好的，让我们来看看它是怎么用的吧。克里文柯先生继续说，"关于后面这一点，我知道这样一件令人难受的事实"：在俄国南方有一些青年，"他们对小兄弟怀着最善良的愿望和热爱；对农夫多方表示关注和尊敬，几乎待之如上宾，用一个匙子吃饭，拿果子酱和饼干款待他们，买他们的东西时总是比旁人付的钱多，给他们钱用（或是借，或是作为"茶钱"，或是干脆就送给他们），向他们讲欧洲制度和工人团体等等。当时一个年轻的德国人施米特也住在那里，他管一点事，确切些说，不过是一个园丁，他没有任何人道主义观念，是一个十足狭隘的形式主义的德国汉子〈原文如此??!!〉"等等。他们在这个地方住了3—4年后分手了。又过了大约20年，作者来到这个地方时听说，"施米特先生"（人家因他做过好事，已把施米特园丁改称施米特先生了）教会了农民种葡萄，使每个农民一年获得75—100卢布的"一笔收入"，因此，大家"深深地怀念"他，"对于那些只对农夫怀有美好感情而没有为他做半点切实〈!〉事情的先生们，却连一点记忆也没有留下"。

我们计算一下，就知道这件事发生在1869—1870年，恰好是俄国民粹派社会主义者试图把"欧洲制度"的一个最先进的和最大的特点——国际搬到俄国来的时候。**53**

显然，克里文柯先生的叙述给人的印象太强烈了，于是他赶紧加以说明。

他解释道："当然我并不是说施米特比这些先生好些，而是说为什么他虽有种种缺点但终究在该地区和居民中留下了更为经久不灭的痕迹。〈不是说更好些，而是说留下了更为经久不灭的痕迹，——这难道不是胡说八道?!〉我也不是说他做了什么重要的事情，恰恰相反，我举出他做的事情，只是当做一个例子，说明这事情虽然极小，是顺便做的，对他本人根本算不得什么，但无疑是切实的。"

你们看，这个说明是很模棱两可的，但问题的实质不在于它的模棱两可,而在于作者把一种活动的有成效和另一种活动的无结果相比较时,显然没有觉察到这两种活动方向的根本区别。这段叙述能如此突出地说明现代民主主义者的面貌,关键就在这里。

这些青年向农夫讲述"欧洲制度和工人团体",显然是想发动农夫去改造社会生活形式(说不定我这个结论在这里也是错误的,但是我想,谁都会同意这个结论是合理的,因为是从克里文柯先生上面那段话中必然得出来的),想发动他们去进行社会革命,反对这个使劳动者遭受不可言状的剥削和压迫的现代社会,与此同时人们普遍对各种自由主义的进步办法表示欢迎。至于"施米特先生"这位十足的业主,不过是想帮助其他业主安排好自己的家业,如此而已。试问,怎能把这两种目标完全相反的活动加以比较对照呢?这无异于把一个人力图破坏某个建筑物的活动的失败,同另一个人想要加固这个建筑物的活动的成功拿来比较!要进行有点意义的比较,就要看看为什么这些到民间去的青年想发动农民起来革命的尝试毫无成效,——是不是因为他们从错误观念出发,以为"农民"正是被剥削劳动居民的代表,而实际上农民并不是一个单独的阶级(所以有这种错觉,显然是由于农奴制崩溃时代的影响,当时农民确实作为一个**阶级**行动过,不过是作为农奴制社会的一个阶级),因为农民内部正在形成资产阶级和无产阶级,——总之,必须分析旧的社会主义理论和社会民主党人对这些理论的批判。可是,克里文柯先生不这样做,却拼命证明"施米特先生"所做的"事情无疑是切实的"。得了吧,最可敬的"人民之友"先生,您干吗要去敲敞开的大门呢?谁怀疑这一点呢?经营一个葡萄园并由此得到75—100卢布的收入,难道还能有比这更切实的事情吗？①

　　于是作者解释说，如果一个业主自己经营葡萄园，那会是零星的活动，如果几个业主都这么做，那就是一种普遍推广的活动，把小事变成真正的正确的事业，**举例来说**，**就像**亚·尼·恩格尔哈特**那样**不但自己使用磷钙粉，而且还向别人推广磷钙粉生产。

　　请看，这个民主主义者多么了不起啊！

　　我们再从关于农民改革的议论中举一个例子来看。上述民主主义与社会主义不可分割的时代的民主主义者车尔尼雪夫斯基，是怎样看待农民改革的呢？他不能公开发表自己的意见，只好**缄默不语**，只好用隐晦的说法对准备实行的改革作如下的评论：

　　**"假定说，我愿意设法保存您用来做饭的粮食。不言而喻，如果我是出于对您的好感才这样做，那么我的这番热心是由于料到粮食是属于您的，并且用粮食做成的饭对您身体有好处，对您有益处。可是，我一旦知道粮食根本不属于您，用粮食做成的每一餐饭都要您拿钱去买，这笔钱不仅超过一餐饭本身的价值〈这是在改革以前写的，而尤沙柯夫先生们现在却说这次改革的基本原则是保证农民的生活!!〉，而且您不受尽千辛万苦就根本拿不出来，这时您可以想象我的感情会是怎样的呢？当我知道这样奇怪的发现时我会怎样想呢？…… 我这个人真蠢，居然为一件并没有条件来保证其好处的事情操心！除了蠢汉而外，谁会在事先还不能确信某人会得到一笔财产并且会按有利条件得到这笔财产以前，就为了使这笔财产保留在这人手里而操心呢？…… 倒不如让这些**

---

① 试向**那些**对农夫讲欧洲团体的青年建议，要他们干这种"切实的"事情吧！看看他们会怎样对待您，会给您怎样出色的申斥！您会对他们的思想怕得要死，正如您现在怕唯物主义和辩证法一样！

只会使我亲爱的人受到害处的粮食完全丧失吧！倒不如让这种只
会使您破产的事情完全失败吧！"

我所强调的那些地方，格外突出地表明车尔尼雪夫斯基深刻
而透彻地了解他那个时代的现实，了解农民的赎金是怎么回事，了
解俄国社会各阶级的对抗性。同时，还要指出他善于在受检查的刊
物上叙述这种纯粹的革命思想。他在他那些秘密出版的著作中也
是写的这些东西，不过不是用隐晦的说法罢了。在《序幕的序幕》
中，沃尔根（车尔尼雪夫斯基借沃尔根之口来表达自己的思想）说：

"让解放农民的事情由地主党去办吧。区别是不大的。"①交
谈者反驳说，区别大得很，因为地主党反对把土地分给农民。沃尔
根坚定地回答说：

"不对，不是大得很，而是小得很。如果农民不付赎金而获得
土地，那区别就大得很。拿走某人的东西或是把东西留给他，这是
有区别的；但是要他花钱来买这个东西，那就是一样了。地主党的
计划不同于进步派的计划的地方，只在于它简单些。因此，它甚至
好些。手续简便些，农民的负担也一定轻些。农民中谁有钱，谁就
买土地。谁没有钱，也就用不着强迫他买土地。这只会使他们破
产。赎也就是买。"

正是要有车尔尼雪夫斯基的天才，才能在当时，在农民改革刚
进行的时候（那时它甚至在西欧还没有得到充分的说明）这样清
楚地懂得这个改革的基本的资产阶级性质，才能懂得在当时俄国
的"社会"和"国家"中已经是那些顽固地敌视劳动者、无疑注定要

---

① 引自普列汉诺夫在《社会民主党人》上发表的《尼·加·车尔尼雪夫斯基》一文。**54**

使农民破产和遭受剥夺的社会阶级占统治和支配地位了。同时，车尔尼雪夫斯基也懂得，一个掩盖我国对抗性社会关系的政府的存在，是使劳动者的状况特别恶化的大祸害。

沃尔根继续说："**说句老实话，倒不如让农民不要土地而得到解放吧。**"（就是说，既然农奴主-地主在我国这样有势力，最好让他们公开地、直截了当地说到底，而不要把这些农奴主的利益掩藏在伪善的专制政府的妥协办法下面。）

"**问题就这样摆着，我甚至找不出原因去为农民是不是会被解放而焦急，更不会去为谁解放他们，是自由派还是地主解放他们而焦急。在我看来都一样。地主甚至还要好些。**"

在《没有地址的信》中写道："**都在说解放农民……干这件事情的力量在哪里呢？这样的力量还没有。既然没有力量，就不可着手进行。你看结果会怎样吧：会有人来解放的。结果怎么样，请你们自己判断吧，干一件干不成的事情，会有什么样的结果。把事情弄坏，结果就会闹出一场丑事。**"

车尔尼雪夫斯基懂得，俄罗斯农奴制的官僚主义国家没有能力解放农民，就是说，没有能力推翻农奴主，它只能闹出一场"丑事"，使自由派的利益（赎也就是买）和地主的利益达到一种可怜的妥协，这种妥协以温饱和自由的幻影愚弄农民，事实上却使他们破产并受地主的宰割。所以他反对这种改革，咒骂这种改革，希望这种改革不能成功，希望政府纠缠在它那向自由派和地主两面讨好的把戏中而一败涂地，从而把俄国引上公开的阶级斗争大道。

可是，我国现代的"民主主义者"到了**今天**，到了车尔尼雪夫斯基的天才预见已成为事实的时候，到了30年的历史无情地打破了一切经济上和政治上的幻想的时候，还在颂扬改革，认为改革是对"人民"生产的肯定,设法用它来证明可能有一条道路来**避开**敌视劳动者的社会阶级。再说一遍,我国民主主义者对农民改革所持的态度,最明显地证明他们已经深深地资产阶级化了。这些先生什么也没有学会,可是忘掉的东西倒是很多很多。

不妨拿 1872 年的《祖国纪事》杂志来对照一下。上面我已从《富豪制和它的基础》一文中引证过几段话,谈的是俄国社会在"伟大的解放"改革后的头十年内在推行自由主义(掩盖富豪利益的自由主义)方面所获得的成功。

同一作者在同一篇文章中写道:如果从前往往有人抱怨改革而怀念往昔,那么现在已经没有这样的人了。"大家都喜欢新秩序,大家都心满意足";接着作者指出,著作界"本身也在变成富豪的喉舌","在民主主义掩盖下"实现着富豪的利益和贪欲。你们仔细看看这番议论吧。作者所不满的是"大家"都满意改革所造成的新秩序,"大家"(当然是"社会人士"和"知识界"的代表,而不是劳动者)都心满意足,而不顾这种新秩序具有很明显的对抗性的资产阶级的特征:公众没有觉察到自由主义所掩盖的只是"获取的自由",而且这种获取当然是取偿于劳动大众和有损于劳动大众的。于是他提出抗议。这种表明社会主义者的特色的抗议,也正是他的议论中可贵的地方。请你们注意,这种对假冒民主主义的富豪主义提出的抗议,是同该杂志总的理论相矛盾的,因为他们否定农民改革中有任何资产阶级的因素、成分和利益,否定俄国知识界和俄罗斯国家的阶级性质,否定俄国存在资本主义的基础,可是他们终究不能不感觉到、不能不感触到资本主义和资产阶级性。《祖国纪事》杂志感觉到俄国社会的对抗,攻击资产阶级的自由主义和民主主义,也就是做了一件与我国第一批社会主义者相同的事情（虽然第一批社会主义者也不能理解这种对抗，但意识到了这种对抗，并且愿意同产生这种对抗的社会组织作斗争），就这一点来说，《祖国纪事》杂志曾经是进步的（当然是从无产阶级观点来看）。"人民之友"忘记了这种对抗，丧失了任何敏感，不知道在我们这个神圣的俄罗斯，十足的资产者也是"在民主主义掩盖下"隐藏着的，所以他们现在是反动的（对无产阶级说来），因为他们抹杀对抗，不谈论斗争，而谈论调和的文化主义的活动。

可是，先生们，难道俄国高头大额的自由主义者，在60年代是富豪的民主主义的代表，而到90年代只因脸上微带忧世愁容，就不再是资产阶级的思想家了吗？

难道大规模"获取的自由"，即获取大量贷款、大量资本、大量技术改良的自由，在现存社会经济关系不变的条件下，只因它为获取少量贷款、少量资本、少量技术改良的自由所替代，就不再是自由主义的即资产阶级的自由了吗？

再说一遍，他们不是受观点根本改变或我国制度根本变革的影响而改变了意见的。不是的，他们只是忘记了。

"人民之友"失去了这种曾使他们的前辈（尽管这些人的理论完全站不住脚，尽管他们对现实的看法是幼稚的空想的）成为进步人物的唯一特征，他们在这整个期间连什么东西也没有学会。其实，甚至撇开对俄国现实的政治经济分析，单是这30年来的俄国政治史，也该教会他们许多东西了。

当时，在**60年代**，农奴主的势力已经衰退，他们遭到了虽然不是最后的但终究是决定性的失败，不得不从舞台上销声匿迹了。反之，自由派抬起了头。进步、科学、善良、反对虚伪、人民利益、人民良心、人民力量等等自由主义词句风靡一时，现在，在这特别灰心失望的时刻,我国激进主义的无病呻吟家在他们的沙龙里,我国自由主义的清谈家在他们的纪念宴会上和他们的报章杂志上所呕吐出来的也是这些词句。自由主义者原来很有势力,他们按照自己的方式改造了"新秩序",——当然还不是完全改造,但终究是在相当程度上改造了"新秩序"。虽然当时俄罗斯也还没有"公开的阶级斗争的亮光",但终究比现在亮一些,所以连那些不知阶级斗争为何物、宁愿梦想美好的未来而不愿**说明**丑恶的现在的劳动阶级思想家,也不能不看到自由主义的后面隐藏着富豪,不能不看到这种新秩序就是资产阶级的秩序。农奴主被逐出舞台,他们没有转移大家对当前更紧迫的问题的注意,没有妨碍大家按新秩序的纯粹(比较起来说)形态来观察新秩序,所以大家才有可能考察这一点。我国当时的民主主义者虽然善于指摘富豪的自由主义,可是不善于了解它和科学地说明它,不善于了解它在我国社会经济的资本主义组织下的必然性,不善于了解这个新的生活方式比旧的农奴制的生活方式进步,不善于了解这个生活方式所产生的无产阶级的革命作用,他们只是"唾弃"这种"自由"和"人道"的秩序,认为资产阶级性是一种偶然现象,期望"人民制度"中间还会出现另一种社会关系。

历史果然向他们昭示了另一种社会关系。没有完全被改革(被农奴主的利益弄得残缺不全的改革)打垮的农奴主已经(暂时)复活起来,清楚地表明了资产阶级关系以外的另一种社会关系是什么东西,并且用一种肆无忌惮、毫无理性和残暴至极的反动行为表明了这种关系,以致我国民主主义者胆怯了,屈膝了,不仅不向前进,把他们那种只善于感觉而不善于了解资产阶级性的幼稚的民主主义改造为社会民主主义,反而倒退到自由派那里去,现在他们竟自夸起来,说"所有严肃正派的报刊"都赞同他们的诉苦声……即我想说的他们的理论和纲领。看来教训是非常发人深思的:旧时社会主义者关于人民生活的特殊方式、人民的社会主义本能、资本主义和资产阶级的偶然性等幻想,已经暴露得十分明显了;看来现在已经可以正视现实并公开承认:俄国除开资产阶级的和过时的农奴制的社会经济关系以外,过去和现在都没有任何其他的社会经济关系,因此,除了经过工人运动,是不能有别的道路通向社会主义的。可是,这些民主主义者什么也没有学会,于是小市民社会主义的幼稚幻想就让位于小市民进步办法的实际清醒主张了。

现在,这些冒充劳动者利益代表的小市民思想家的理论简直是反动的了。他们抹杀现代俄国社会经济关系的对抗,硬说可以用一般的、照顾到一切人的"振兴"、"改良"等等措施来办妥一切,硬说可以调解和统一。他们所以是反动的,因为他们把我们的国家描绘成一种凌驾于各阶级之上从而适宜于并且能够给被剥削群众以某种重大真诚帮助的东西。

最后,他们所以是反动的,因为他们根本不了解劳动者为了本身的解放必须自己进行斗争,必须进行殊死的斗争。例如,在"人民之友"看来,仿佛他们能独自把一切安排妥帖。工人可以放心。你看,甚至有一个技师也到《俄国财富》杂志编辑部来了,他们几乎完全拟好了一个"把资本主义推行到人民生活中去"的"计划"。社会主义者应该**坚决彻底地**同一切小市民的思想和理论决裂,——**这就是**应该从这次进攻中得出来的**主要的有益的教训**。

请注意,我是说同小市民思想决裂,而不是同"人民之友"及其思想决裂,因为同从未有过联系的东西是说不上决裂的。"人民之友"只是这类小市民社会主义思想流派中的一个流派的代表。我所以在这里作出必须同**整个**小市民社会主义思想、同**整个**旧时俄国农民社会主义思想决裂的结论,这是因为被马克思主义的发展吓坏了的旧思想代表人物对马克思主义者展开的这次进攻,推动他们特别充分而突出地把小市民思想描绘了出来。我们把这种思想同现代社会主义、同有关俄国现实的现代资料加以对照,就非常清楚地看到,这种思想已经衰竭到什么程度,它已经丧失了任何完整的理论基础,堕落成了可怜的折中主义,堕落成了最平庸的文化派机会主义的纲领。有人会说,这不能怪整个旧社会主义思想,而只能怪这些从未被任何人算做社会主义者的先生们;但我觉得这种异议是毫无根据的。我到处竭力指明旧理论的这种堕落的必然性,到处竭力少用一些篇幅来专门批判这些先生,而尽量多用一些篇幅去批判俄国旧社会主义的一般基本原理。如果社会主义者认为我把这些原理叙述得不正确,或不确切,不透彻,那我只好恭请诸位先生,请你们自己把这些原理叙述出来,把这些原理好好地说透彻吧!

老实说,再没有人比社会民主党人更乐于有机会同社会主义者进行论战了。

难道你们以为,我们乐意回答这些先生们的"论战"吗?难道你们以为不是他们公开、坚决而激烈地挑战,我们会来干这种事情吗?

难道你们以为我们不尽力克制自己就能阅读、反复阅读和仔细阅读这种用官场自由主义辞藻和小市民说教拼凑而成的令人作呕的东西吗?

要知道,现在只有这班先生在论证和叙述这种思想,那总不能怪我们吧。同时还请注意,我是说必须同小市民的**社会主义**思想决裂。我们分析过的这种小资产阶级理论**无条件**是反动的,**因为**它是作为社会主义理论而出现的。

其实这里丝毫没有社会主义气味,就是说,所有这些理论根本没有说明劳动者受剥削的原因,因而绝对不能有助于劳动者的解放,其实所有这些理论都是反映和拥护小资产阶级利益的;如果我们懂得这一点,那我们就一定会用另一种态度对待它们,就一定会提出这样的问题:**工人阶级应该怎样对待小资产阶级及其纲领呢**?不注意到小资产阶级的两重性(这种两重性在我们俄国表现得特别厉害,因为这里小资产阶级和大资产阶级之间的对抗发展程度较低),就无法回答这个问题。它是进步的,因为它提出一般民主主义的要求,就是说,它反对中世纪时代和农奴制度的一切残余;它是反动的,因为它极力保存自己的小资产阶级地位,力图阻止和扭转国家朝着资本主义方向的发展。例如,所谓禁止转让份地一类的反动要求,也和其他许多监护农民的办法一样,通常都是用保护劳动者的漂亮借口作掩护的;而事实上这些要求显然只能使劳动者的状况恶化,同时阻挠他们的解放斗争。必须把小资产阶级纲领的这两个方面严格区别开,所以在否定这些理论具有任何社会主义性质时,在反对它们的反动方面时,不应当忘记这些理论的民主主义部分。现在我用实例说明,为什么马克思主义者对小市民理论的完全否定,不仅不排斥它们纲领中的民主主义,反而要求更加坚持民主主义。前面已经指出小市民社会主义的代表人物在他们的理论中总是利用的三个基本论点:缺少土地,税款过重,受行政机关压迫。

要求铲除这些祸害,根本不是什么社会主义,因为这些祸害丝毫不能说明剥夺和剥削,铲除这些祸害丝毫不会触动资本对劳动的压迫。可是铲除这些祸害,就会清除加重这种压迫的中世纪破烂,使工人易于直接同资本进行斗争,因此,这种举动,作为民主主义的要求,定会得到工人最坚决的支持。一般说来,税款和赋税是只有小资产者才能特别重视的问题,但在我们这里,农民税款在许多方面不过是农奴制的残余:例如,应当立即无条件地废除的赎金就是如此;那些只落到农民和小市民身上而与"贵人"无关的赋税就是如此。社会民主党人始终会支持这种要求:铲除这些造成经济政治停滞的中世纪关系的残余。缺少土地的问题也是如此。我已在前面详细地证明了关于这个问题的叫喊的资产阶级性质。例如,农民改革用割地<sup>55</sup>的办法直接替地主抢劫了农民,直接(夺去农民土地)和间接(巧妙地隔开份地)地为这一巨大反动势力效了劳,这一点是没有疑问的。所以社会民主党人将最坚决地要求把夺自农民手中的土地立即归还农民,把地主的地产(这个农奴制度和农奴制传统的支柱)剥夺干净。后一种要求与土地国有化相吻合,其中并不含有任何社会主义的东西,因为已在我国形成的农场主关系,在这种情况下只会更迅速更蓬勃地发展起来,但这一要求在民主主义意义上说来是极其重要的,因为它是唯一能够彻底打垮高贵地主的办法。最后,当然只有尤沙柯夫先生和瓦·沃·先生之流才会把农民的无权说成是农民被剥夺和被剥削的原因,但行政机关对农民的压迫不仅是明显的事实,并且不是简单的压迫,而是公然把农民看做"贱民",认为他们命该受高贵地主的支配,让他们享受一般公民权利(例如迁徙权①)只是一种特别的恩惠,任何一个彭帕杜尔都可以把他们当做关在贫民习艺所里的人来摆布。所以社会

---

① 说到这里,不能不想起现任农业大臣叶尔莫洛夫先生在《歉收和人民的灾难》一书中反对移民时所表现的纯粹俄罗斯式的农奴主的厚颜无耻。他说,从国家观点看来,不能认为移民是合理的,因为欧俄地主还很需要空闲人手。——真的,农民生在世上,不是为了用自己的劳动来养活寄生的地主及其"显贵的"走卒,又是为了什么呢?

民主党人无条件地赞同这种要求:完全恢复农民的公民权利,完全废除一切贵族特权,取消官僚对农民的监护,给予农民自治权。

　　一般说来,俄国共产主义者,马克思主义信徒,比其他任何人都更应该把自己称为**社会民主党人**,并在自己的活动中始终不应忘记**民主主义**的巨大重要性。①

　　俄国中世纪的半农奴制度的残余还异常强而有力(比西欧),它像一副沉重的枷锁套在无产阶级和全体人民身上,阻碍着一切等级和一切阶级的政治思想的发展,所以我们不能不主张反对一切农奴制度即反对专制制度、等级制度、官僚制度的斗争对于工人有巨大的重要性。必须向工人十分详细地指明:这些制度是多么可怕的反动力量,它们在怎样加强资本对劳动的压迫,怎样欺压劳动者,怎样把资本阻滞在它的中世纪形式中,这种形式对劳动的剥削并不亚于现代工业形式,而且给解放斗争增添了极大的困难。工人应当知道,他们不推倒这些反动支柱②,就根本无法同资产阶

---

① 这是很重要的一点。普列汉诺夫说得很对:我国革命家有"两种敌人,一种是还没有完全根除的陈腐偏见,一种是对新纲领的狭隘理解"。见附录三(本书第 194 页。——编者注)。

② 事实上在治理俄罗斯国家的我国**官僚**是特别厉害的反动机构,它还不大为我国革命者所注意。这种主要靠平民知识分子补充的官僚,按其出身及其活动的使命和性质来说,都带有浓厚的资产阶级性质,但专制制度和高贵地主的巨大政治特权,却赋予他们特别有害的品质。他们是见风使舵的人,把兼顾地主和资产者的利益看做自己的最高任务。他们是犹杜什卡56,利用自己同农奴主的感情和联系来欺骗工农,借口"保护经济上的弱者"和对他们实行"监护"以免受富农和高利贷者的压迫,而采取各种办法把劳动者压低到"贱民"的地位,使他们受农奴主-地主的宰割,从而更加无法抵御资产阶级的进攻。他们是最危险的伪君子,很有西欧反动专家的经验,巧于用爱人民的辞藻来掩饰他们阿拉克切耶夫式的贪欲57。

级进行有成效的斗争,因为只要这些支柱存在,俄国农村无产阶级(这个阶级的支持是工人阶级取得胜利的必要条件)就永远摆脱不了闭塞无知、担惊受怕的状况,只能作绝望的挣扎,而不能进行明智顽强的抗议和斗争。因此,同激进民主派一道去反对专制制度,反对反动的等级和机构,是工人阶级的直接责任,社会民主党人必须使工人阶级明了这种责任,同时又要时时刻刻使工人阶级记住:反对这一切制度的斗争,只是作为促进反资产阶级斗争的手段才是必要的;工人需要实现一般民主主义要求,只是为了扫清道路,以便战胜劳动者的主要敌人即**资本**,资本按其本性来说是一种纯粹民主主义的制度,但它在我们俄国却特别倾向于牺牲自己的民主主义,而同反动派勾结起来压迫工人,更加厉害地阻止工人运动的出现。

以上所述,看来足以说明社会民主党人如何对待专制制度和政治自由,以及他们如何对待近来特别加强起来的、力求把一切革命者的派别"统一"和"联合"起来争取政治自由的思潮了[58]。

这是一个颇为新奇而独特的思潮。

它所以新奇,是因为"联合"的建议不是来自某个集团或某几个纲领明确而且有某些相似的集团。如果是这样,联合问题就会是每一个别场合的问题了,就会是准备统一的各个集团的代表能够解决的具体问题了。那也就不会有特别的"统一"思潮了,但这个思潮是有的,而掀起这个思潮的无非是这样一些人,他们离开了旧立场而没有走上任何新立场,这就是说反专制制度的战士直到现在所依靠的理论显然已在崩溃,因而也使斗争所需要的团结条件和组织条件遭到破坏。这些"统一派"和"联合派"的先生们想必以为创立这样一种理论是最容易的事情,只要把它全部归结为反对专制制度和要求政治自由，至于其余一切社会主义问题和非社会主义问题，可以避开不谈。显然，这种幼稚的错误观点，在一开始进行这类统一的尝试时，就一定会不攻自破。

这种"统一"思潮所以独特，是因为它反映着战斗的革命的民粹主义转变为政治激进民主主义这一过程的最后阶段之一，这个转变（过程）我在上面已经尽力描述过了。一切非社会民主主义的革命集团，只有在制定一个抛弃旧时俄国独特发展论的偏见的、提出**民主主义**要求的坚定纲领时，才能在上述旗帜下巩固地统一起来。社会民主党人认为创立这样一个民主主义政党当然是有益的前进步骤，而且他们为反对民粹主义所进行的工作会促成这种进步，有助于根除一切偏见和神话，使社会主义者在马克思主义旗帜下聚集起来，由其余的集团组成一个民主主义政党。

社会民主党人当然不能同这个政党"统一"，因为他们认为工人必须独立地组织成一个单独的工人政党，但是工人对民主主义者反对反动机构的一切斗争，都会极力给以支持。

民粹主义已经堕落为最平庸的小资产阶级激进主义的理论，"人民之友"就是这种堕落的非常明显的例证。我们由此可以看出某些人犯了多么重大的错误，他们只向工人传播同专制制度作斗争的思想，却不同时向工人说明我国社会关系的对抗性（由于这种对抗性，资产阶级思想家也主张政治自由），不同时向工人说明俄国工人的历史使命是为全体劳动人民的解放而斗争。

有些人喜欢责备社会民主党人，说他们似乎要独享马克思的理论，可是又说马克思的经济理论是一切社会主义者都接受的。试问，既然我们俄国劳动者遭受剥削根本不是由于资产阶级的社会经济组织，而是由于缺少土地、税款过重和受行政机关压迫，那么，向工人解释价值形式、资产阶级制度的实质和无产阶级的革命作用，又有什么意思呢？

既然阶级斗争理论甚至不能说明工人对厂主的关系（我国资本主义是由政府人为地培植起来的），那么，向工人（更不必说向那不属于已经形成的工厂工人阶级的"人民"大众了）解释阶级斗争理论，又有什么意思呢？

既然想在我国寻找一条避开资本主义、避开资本主义所造成的无产阶级而通向共产主义的道路，那么，又怎能接受马克思的经济理论及其关于无产阶级具有通过资本主义来组织共产主义的革命作用的结论呢？

显然，在这种情况下号召工人争取政治自由，就等于号召工人替先进资产阶级火中取栗，因为不能否认（值得注意的是连民粹派和民意党也不否认），政治自由首先是为资产阶级利益服务的，它不能改善工人的状况，它只能……只能改善**同这个资产阶级作**……斗争的条件。我说这些话是反对这样一些社会主义者的，他们不接受社会民主党人的理论，却在工人中间进行鼓动，因为他们根据经验确信只有在工人中间才可以找到革命分子。这些社会主义者使自己的理论同实践相抵触，犯了极严重的错误：诱使工人抛弃自己的直接任务，即**组织社会主义工人政党**的任务①。

————————

① 必须发动工人同专制制度作斗争的结论可以从两方面得出：**或者**把工人看做争取社会主义制度的唯一战士，那就得把政治自由看做便利工人斗争的条件之一。社会民主党人就是这样看的。**或者**把工人单单看做是在现代制度下受苦最深、已经没有什么东西可以丧失并能最坚决地反对专制制度的人。但这也就等于要工人做资产阶级激进派的尾巴，而资产阶级激进派是不愿看见在全体"人民"一致反对专制制度的后面，还存在着资产阶级和无产阶级的对抗的。

当资产阶级社会的阶级对抗因受农奴制度的压制而完全没有发展起来的时候，当农奴制度激起了全体知识分子一致的抗议和斗争，从而造成一种错觉，似乎我国知识分子具有特别的民主主义，以为自由主义者的思想和社会主义者的思想之间没有深刻分歧的时候，产生上述错误是很自然的。现在，当经济发展已有长足的进步，甚至从前否认俄国有资本主义发展基础的人也承认我国恰恰是走上资本主义发展道路的时候，对这一点已经不可能有任何错觉了。"知识分子"的成分，也和从事物质财富生产的社会成分一样，表现得十分明显：如果说，在后者中间起统治和支配作用的是资本家，那么，在前者中间起主导作用的则是人数日益迅速增加的一帮野心家和资产阶级的奴仆，也就是那些心满意足、毫无梦想、深知本身要求的"知识分子"。我们的激进派和自由派不仅不否认这一事实，反而极力强调它，煞费苦心地证明它不道德，斥责它，极力想粉碎、耻笑……和消灭它。这种想使资产阶级知识分子因自己的资产阶级性而**感到羞惭**的天真妄想，正像小市民经济学家想用资产阶级使人民破产，使大众贫困、失业和饥饿（援引"哥哥"的经验）来恐吓我国资产阶级的意图一样，是很可笑的；这样审判资产阶级和他们的思想家，就跟判决把狗鱼投到河里[59]一样。除此而外，还有这样一种自由派和激进派"知识分子"，他们滔滔不绝地大谈其进步、科学、真理、人民等等，他们喜欢怀念60年代，说当时没有争执、消沉、灰心和冷淡，大家的心都热衷于民主主义。

这些先生由于他们固有的天真，怎么也不愿意了解当时的一致是由当时的物质条件造成的，而这样的条件不会回来了。当时大家都同样受到农奴制度的束缚，其中有积了一点钱而想过快活日子的农奴主的管家,也有仇恨地主老爷勒索、干涉和打断他的经营的善于经营的农夫,也有地主家中的无产仆人,以及被卖给商人去盘剥的破产农夫;当时受到农奴制度压迫的还有商人兼厂主,有工人,有手工业者,有工匠。当时在所有这些人之间只有一种联系,就是他们都敌视农奴制度,而超出这种一致就是最剧烈的经济对抗了。只有完全沉醉于甜蜜梦想的人才会至今还看不见这种已经有了这么大发展的对抗,才会在现实生活要求斗争,要求每个不愿替资产阶级当**自愿的**或**非自愿的**走卒的人都站到无产阶级方面来的时候,还在泣求这个一致的时代重新到来。

如果你们不轻信关于"人民利益"的花言巧语,而去深究一下,那就会看出在你们面前的是一些地地道道的小资产阶级思想家,他们梦想用各种天真的进步办法来改善、维持和恢复自己的(他们说是"人民的")经济,他们绝对不能了解,在现存的生产关系基础上,所有这些进步办法只会日益加深大众的无产阶级化。我们不能不感谢"人民之友",因为他们大大帮助了我们认清我国知识分子的阶级性质,从而更证实了马克思主义者关于我国小生产者的小资产阶级性的理论,因为他们必然使那些把俄国社会主义者迷惑了这么久的旧幻想和神话加速破灭。"人民之友"已把这些理论用得又脏又破又烂,使俄国信奉这些理论的社会主义者非要二者择一不可:或者重新审查这些理论,或者将它们完全抛弃,让那些扬扬得意地向全世界宣告富裕农民购置改良农具的先生(他们煞有介事地要你们相信必须欢迎那些在赌桌跟前坐腻了的人)去独自享用。他们不仅这样煞有介事地谈论"人民制度"和"知识分子",并且还大言不惭地谈论远大的理想和对生活问题的理想提法!……

社会主义的知识分子只有抛弃幻想,在俄国现实的而不是合乎心愿的发展中,在现实的而不是臆想的社会经济关系中去寻找立脚点,才能指望工作获得成效。同时,他们的**理论**工作的方向应当是**具体地研究俄国经济对抗的一切形式,研究它们的联系和一贯发展,凡是这种对抗被政治史、法制特点和传统理论偏见所掩盖的地方,都应把它揭示出来。理论工作应当把我国现实作为一定生产关系的体系给以完备的说明,应当指明劳动者在这个体系下遭受剥削和剥夺的必然性,指明经济发展所昭示的摆脱这个制度的出路。**

这种以详细研究俄国历史和现实为基础的理论,应当解答无产阶级急需解答的问题,——如果这种理论合乎科学要求,那么,无产阶级反抗思想的任何觉醒都必然会把这种思想引上社会民主主义的轨道。制定这种理论的工作越有进展,社会民主主义就成长得越快,因为最机灵的现代制度的保护者也没有力量来阻止无产阶级思想的觉醒,其所以没有力量,是因为这个制度本身必然地和不可避免地把生产者剥夺得越来越厉害,使无产阶级和它的后备军越来越壮大,同时社会财富也在不断增大,生产力大大发展,资本主义造成劳动社会化。虽然制定这种理论还要做很多工作,但社会主义者完成这个工作是有把握的,因为唯物主义,即要求任何纲领都是对现实过程的确切表述的唯一科学方法,已在他们中间传播;因为接受这种思想的社会民主党人已经获得很大的成功,连我国自由派和民主派都大为震惊,于是他们那些厚本的杂志——照一位马克思主义者的说法——也办得不再是枯燥无味的了。

我这样强调社会民主党人理论工作的必要性、重要性和艰巨性,决不是想说,这个工作比**实际**工作更重要①,更不是想把后一工作推延到前一工作完成以后。只有"社会学中的主观方法"的崇拜者或空想社会主义的信徒,才会得出这样的结论。当然,如果认为社会主义者的任务是在给国家寻找"另外〈除现实道路而外〉的发展道路",那么,实际工作也只有在天才的哲学家发现和指明了这"另外的道路"时才有可能进行;反过来说,这种道路一旦被发现和指出来,理论工作就结束了,而那些应当把"祖国"引上"新发现的""另外的道路"的人的工作也就开始了。可是,如果社会主义者的任务是要做无产阶级的思想领导者,领导无产阶级进行现实斗争,去反对横在一定社会经济发展的**现实**道路上的现实的真正敌人,那么情形就完全不同了。在这种条件下,理论工作和实际工作就会融合在一起,融合为一个工作,德国社会民主党的老战士李卜克内西把这个工作说得极为中肯,这就是:

研究,宣传,组织。

不做上述理论工作,便不能当思想领导者;不根据事业的需要进行这项工作,不在工人中间宣传这个理论的成果并帮助他们组织起来,也不能当思想领导者。

这样提出任务,就能保障社会民主党人避免各种社会主义者团体所常犯的毛病,即避免教条主义和宗派主义。

只要以是否符合社会经济发展的现实过程作为学说的最高的和唯一的标准,那就不会有教条主义;只要把任务归结为协助无产

---

① 恰恰相反。实际的宣传鼓动工作始终应放在第一位,因为第一,理论工作只是解答实际宣传鼓动工作提出的急需解答的问题;第二,社会民主党人往往由于客观情势所迫,不得不只做理论工作,所以他们非常重视每一可以进行实际工作的机会。

阶级组织起来，因而"知识分子"的作用就是使特殊的知识分子的领导者成为不需要的人物，那就不会有宗派主义。

因此，在马克思主义者中间，尽管对各种理论问题存在着意见分歧，但他们的政治活动方法，自从这一派产生以来，就始终没有改变过，并且一直到现在也没有改变。

社会民主党人的政治活动是要协助俄国工人运动发展和组织起来，把工人运动从目前这种分散的、缺乏指导思想的抗议、"骚动"和罢工的状态，改造成**整个**俄国工人**阶级**的有组织的斗争，其目的在于推翻资产阶级制度，剥夺剥夺者，消灭以压迫劳动者为基础的社会制度。作为这种活动的基础的，是马克思主义者的共同信念：俄国工人是俄国全体被剥削劳动群众唯一的和天然的代表①。

其所以是天然的代表，是因为俄国劳动者所受的剥削，如果把正在灭绝的农奴制经济残余撇开不谈，**实质上到处都是资本主义的**剥削；不过生产者大众所受的剥削是小规模的、零散的、不发达的，而工厂无产阶级所受的剥削则是大规模的、社会化的、集中的。在前一场合，这种剥削还被各种中世纪形式，各种政治上、法律上和习俗上的附加成分，各种狡猾手段所蒙蔽，妨碍劳动者和他们的思想家看出压在劳动者身上的制度的实质，妨碍他们看出哪里是出路和怎样才能摆脱这个制度。反之，在后一场合，剥削已经十分发达，并且以赤裸裸的形式表现出来，没有任何扰乱真相的枝节成

---

① 代表俄国未来的人是农夫，——农民社会主义的代表，最广义的民粹主义者曾经是这样想的。代表俄国未来的人是工人，——社会民主党人现在是这样想的。在一篇手稿里曾这样表述过马克思主义者的观点。

分。工人们已经不能不看出：是**资本**在压迫他们，必须同资产阶级**这个阶级**进行斗争。他们这种目的在于满足最迫切的经济需要以改善本身物质状况的斗争，必然要求他们组织起来，必然会成为不是反对个人而是反对**阶级**的战争，即反对不仅在工厂里而且到处都在压榨和压迫劳动者的那个阶级的战争。所以工厂工人不过是全体被剥削群众的先进代表；为了使他们在有组织的坚韧不拔的斗争中实现自己的代表作用，根本不必用什么"远景"来引诱他们，只要求简单地**向他们说明他们的地位**，说明压迫他们的那个体系的政治经济制度，说明阶级对抗在这个体系下的必然性和不可避免性。工厂工人在整个资本主义关系体系中所处的这种地位，使他们成为争取工人阶级解放的唯一战士，因为只有资本主义发展的高级阶段，即大机器工业，才能造成进行这场斗争所必需的物质条件和社会力量。在其余一切地方，在资本主义发展的较低级的形式下，这种物质条件是没有的，因为这里的生产分散为成千上万极小的经济单位（它们在最平均的村社土地**占有制**形式下仍然是分散的**经济单位**），被剥削者多半还有一点点产业，因而被束缚在他们所应当反对的资产阶级体系上。这就使得那些能够推翻资本主义的社会力量的发展受到阻碍，遇到困难。分散的单独的小规模的剥削把劳动者束缚在一个地点上，使他们彼此隔绝，使他们无法理解自己的阶级一致性，使他们无法联合起来，因为他们无法了解压迫的原因不在于哪个个人而在于整个经济体系。反之，大资本主义必然割断工人同旧社会、同一定地点、同一定剥削者的任何联系，使他们联合起来，使他们不得不思考，使他们处在有可能开始进行有组织的斗争的地位。所以，社会民主党人把自己的全部注意力和自己的全部活动都集中在工人阶级身上。当工人阶级的先进代表领会了科学社会主义思想，领会了关于俄国工人的历史使命的思想时，当这些思想得到广泛的传播并在工人中间成立坚固的组织，把他们现时分散的经济战变成自觉的阶级斗争时，俄国**工人**就会起来率领一切民主分子去推翻专制制度，并引导**俄国无产阶级**（和**全世界**无产阶级并肩地）**循着公开政治斗争的大道走向胜利的**

**共产主义革命。**

完

写于 1894 年

# 附 录 一

现在我把正文里谈到的 24 户家庭收支表的统计资料列表附在这里。

**奥斯特罗戈日斯克县 24 个典型农户的成分和家庭收支的综合统计表。**

## 本 表 说 明

（1）前 21 栏完全照汇编摘出。第 22 栏包括汇编中下列各项收入：黑麦，小麦，燕麦和大麦，糜子和荞麦，其余各种谷物，马铃薯，蔬菜和干草（共 8 栏）。谷物收入（第 23 栏）的计算法（谷壳和禾秸除外）在正文中已经说明。第 24 栏包括汇编中下列各项收入：马，牛，羊，猪，家禽，皮和毛，脂油和肉类，乳制品，黄油（共 9 栏）。第 25—29 栏完全照汇编摘出。第 30—34 栏包括汇编中下列各项费用：黑麦，小麦，小米和荞麦，马铃薯，蔬菜，盐，黄油，脂油和肉类，鱼，乳制品，伏特加酒，茶叶（共 12 栏）。第 35 栏包括汇编中下列各项费用：肥皂，煤油，蜡烛，衣服和器皿（共 4 栏）。其余各栏是很明显的。

（2）第 8 栏是把租地亩数和份地的耕地亩数加在一起得出的（汇编中有这样一栏）。

（3）"收入和支出"各栏下面的数字代表**收支方面的货币部分**。第 25—28 栏和第 37—42 栏的全部收入（和支出）都是货币。货币部分（作者没有把它划分出来）是从总收入中减去本户消费数得出的。

什么是"人民之友"以及他们如何攻击社会民主党人？

| 农户类别及其数目 | | 男女人口 | 男劳动力 | 雇农 | |
|---|---|---|---|---|---|
| | | | | 有雇农的农户 | 男女雇农 |
| | | 1 | 2 | 3 | 4 |
| 富裕户 6 | 总数 …………… | 47 | 11 | 6 | 8 |
| | 每户平均数 ………… | 7.83 | 1.8 | — | — |
| 中等户 11 | 总数 …………… | 92 | 26 | 2 | 2 |
| | 每户平均数 ………… | 8.36 | 2.4 | — | — |
| 贫苦户 7 | 总数 …………… | 37 | 10 | 2 | 2 |
| | 每户平均数 ………… | 5.28 | 1.4 | — | — |
| **总 计** 24 户 | 总数 …………… | 176 | 47 | 10 | 12 |
| | 每户平均数 ………… | 7.33 | 1.9 | — | — |
| 雇农 2 户（被列入贫苦户） | 总数 …………… | 9 | 2 | — | — |
| | 每户平均数 ………… | 4.5 | 1 | — | — |

| 份 地面 积（单位俄亩） | 租　佃 | | 耕地总面积（单位俄亩） | 建筑物 | 工业作坊 | 农具 | 牲畜（头数） | |
|---|---|---|---|---|---|---|---|---|
| | 租地户 | 租地面积（单位俄亩） | | | | | 役畜 | 总计（折成大牲畜） |
| 5 | 6 | 7 | 8 | 9 | 10 | 11 | 12 | 13 |
| 132.6 | 6 | 52.8 | 123.4 | 52 | 4 | 224 | 35 | 81 |
| 22.1 | — | 8.8 | 20.6 | 8.6 | — | 37.3 | 5.8 | 13.5 |
| 101.2 | 10 | 85.5 | 140.2 | 70 | — | 338 | 40 | 89.1 |
| 9.2 | — | 7.7 | 12.7 | 6.4 | — | 30.7 | 3.6 | 8.1 |
| 57.8 | 4 | 19.8 | 49.8 | 31 | — | 108 | 7 | 15.3 |
| 8.5 | — | 2.8 | 7.1 | 4.4 | — | 15.4 | 1 | 2.2 |
| 291.6 | 20 | 158.1 | 313.4 | 153 | 4 | 670 | 82 | 185.4 |
| 12.1 | — | 6.6 | 13 | 6.4 | — | 27.9 | 3.4 | 7.7 |
| 14.4 | — | — | 6.8 | 6 | — | 11 | — | 1.1 |
| 7.2 | — | — | 3.4 | 3 | — | 5.5 | — | 0.5 |

| 农 户 类 别<br>及 其 数 目 | | 价　值（单位 卢布） | | | | | | |
|---|---|---|---|---|---|---|---|---|
| | | 建筑物 | 其他不<br>动产 | 农 具 | 家 具 | 衣 服 | 牲畜<br>和<br>蜜蜂 | 总　计 |
| | | 14 | 15 | 16 | 17 | 18 | 19 | 20 |
| 富裕户<br>6 | 总数‥‥‥‥ | 2 696 | 2 237 | 670.8 | 453 | 1 294.2 | 3 076.5 | 10 427.5 |
| | 每户平<br>均数‥‥‥‥ | 449.33 | 372.83 | 111.80 | 75.5 | 215.7 | 512.75 | 1 737.91 |
| 中等户<br>11 | 总数‥‥‥‥ | 2 362 | 318 | 532.9 | 435.9 | 2 094.2 | 2 907.7 | 8 650.7 |
| | 每户平<br>均数‥‥‥‥ | 214.73 | 28.91 | 48.44 | 39.63 | 190.38 | 264.33 | 786.42 |
| 贫苦户<br>7 | 总数‥‥‥‥ | 835 | 90 | 112.3 | 254 | 647.1 | 605.3 | 2 543.7 |
| | 每户平<br>均数‥‥‥‥ | 119.28 | 12.85 | 16.04 | 36.29 | 92.45 | 86.47 | 363.38 |
| 总　计<br>24 户 | 总数‥‥‥‥ | 5 893 | 2 645 | 1 316 | 1 142.9 | 4 035.5 | 6 589.5 | 21 621.9 |
| | 每户平<br>均数‥‥‥‥ | 245.55 | 110.21 | 54.83 | 47.62 | 168.14 | 274.56 | 900.91 |
| 雇农 2<br>户（被<br>列入贫<br>苦户） | 总数‥‥‥‥ | 155 | 25 | 6.4 | 76.8 | 129.3 | 9.1 | 401.6 |
| | 每户平<br>均数‥‥‥‥ | 77.5 | 12.5 | 3.2 | 38.4 | 64.65 | 4.55 | 200.8 |

| 欠债总数（单位卢布） | 收 入 | | | | | | | |
| --- | --- | --- | --- | --- | --- | --- | --- | --- |
| | 耕作业的收入 | | 畜牧业的收入 | 养蜂和果园的收入 | 手工副业的收入 | 作坊的收入 | 其他各种收入 | 总计（单位卢布） |
| | 总 计 | 其中粮食的收入 | | | | | | |
| 21 | 22 | 23 | 24 | 25 | 26 | 27 | 28 | 29 |
| 80 | 61.2%<br>3 861.7<br>1 774.4 | 2 598.2<br>1 774.4 | 15.4%<br>972.6<br>396.5 | 4.3%<br>271 | 6.5%<br>412 | 5%<br>320 | 7.6%<br>482.2 | 100%<br>6 319.5<br>3 656.1 |
| 13.3 | 643.6 | — | 162.1 | 45.2 | 68.6 | 53.3 | 80.4 | 1 053.2<br>609.3 |
| 357 | 60.7%<br>3 163.8<br>899.9 | 2 203.8<br>899.9 | 16.1%<br>837.5<br>423.2 | 0.7%<br>36.1 | 18.8%<br>979.3 | — | 3.7%<br>195.5 | 100%<br>5 212.2<br>2 534 |
| 32.4 | 287.7 | — | 76.1 | 3.2 | 89 | — | 17.8 | 473.8<br>230 |
| 233.6 | 48.7%<br>689.9<br>175.25 | 502.08<br>175.24 | 22.9%<br>324.2<br>216.6 | 1.9%<br>27 | 23.8%<br>336.8 | — | 2.7%<br>39 | 100%<br>1 416.9<br>794.64 |
| 33.4 | 98.5 | — | 46.3 | 3.9 | 48.1 | — | 5.5 | 202.4<br>113.5 |
| 670.6 | 59.6%<br>7 715.4<br>2 849.54 | 5 304.8<br>2 849.54 | 16.5%<br>2 134.3<br>1 036.3 | 2.6%<br>334.1 | 13.3%<br>1 728.1 | 2.5%<br>320 | 5.5%<br>716.7 | 100%<br>12 948.6<br>6 984.74 |
| 27.9 | 321.5 | — | 88.9 | 13.9 | 72 | 13.3 | 29.9 | 539.5<br>291.03 |
| 50 | 59.5<br>3 | — | 5.7<br>4.8 | — | 128.8 | — | 4 | 198<br>140.6 |
| 25 | 29.75 | — | 2.85 | — | 64.4 | — | 2 | 99<br>70.3 |

| 农户类别及其数目 | | 支 | | | | | | |
| --- | --- | --- | --- | --- | --- | --- | --- | --- |
| | | 饮 食 用 费 | | | 其 中 | | 衣服和家庭用品 | 饲养牲畜的费用 |
| | | 总 计 | 植物类食品 | 其余食品 | 牛乳和肉类等等 | 盐、伏特加酒、茶叶 | | |
| | | 30 | 31 | 32 | 33 | 34 | 35 | 36 |
| 富裕户 6 | 总数…… | 29.2%<br>1 500.6<br>218.7 | 823.8 | 676.8 | 561.3<br>103.2 | 115.5 | 8.2%<br>423.8<br>58.6 | 24.9%<br>1 276.6 |
| | 每户平均数…… | 250.1 | — | — | — | — | 70.63 | 212.76 |
| 中等户 11 | 总数…… | 37.6%<br>1 951.9<br>257.7 | 1 337.3<br>33.4 | 614.6 | 534.3<br>144 | 80.3 | 10.6%<br>548.1<br>49.5 | 21.2%<br>1 098.2 |
| | 每户平均数…… | 177.45 | — | — | — | — | 49.83 | 99.84 |
| 贫苦户 7 | 总数…… | 42.1%<br>660.8<br>253.46 | 487.7<br>160.96 | 173.1 | 134.4<br>53.8 | 38.7 | 14.6%<br>229.6<br>26.8 | 15.6%<br>243.7 |
| | 每户平均数…… | 94.4 | — | — | — | — | 32.8 | 34.81 |
| 总 计 24 户 | 总数…… | 34.6%<br>4 113.3<br>729.86 | 2 648.8 | 1 464.5 | 1 230 | 234.5 | 10.1%<br>1 201.5<br>134.9 | 22.2%<br>2 618.5 |
| | 每户平均数…… | 171.39 | 110.37 | 61.02 | 51.25 | 9.77 | 50.06 | 109.1 |
| 雇农 2 户（被列入贫苦户） | 总数…… | 81.7<br>50.7 | 72.1<br>42.5 | 9.6 | 6.1<br>4.7 | 3.5 | 14.9<br>4.6 | 8 |
| | 每户平均数…… | 40.85 | — | — | — | — | 7.45 | 4 |

| 出 | | | | | | | 纯收入（+）亏空（-） |
|---|---|---|---|---|---|---|---|
| 农具和役畜购置费 | 雇工和牧人的雇佣费 | 地 租 | 赋 税 | 给神父的奉献 | 杂 费 | 总 计（单位卢布） | |
| 37 | 38 | 39 | 40 | 41 | 42 | 43 | 44 |
| 9.4%<br>484.5 | 13.5%<br>691.7 | 6.5%<br>332 | 4.9%<br>253.5 | 1.1%<br>56 | 2.3%<br>116.5 | 100%<br>5 135.2<br>2 211.5 | +1 184.3 |
| 80.75 | 115.29 | 55.33 | 42.25 | 9.33 | 19.42 | 855.86<br>368.6 | + 197.34 |
| 5%<br>256 | 0.9%<br>47.6 | 6.8%<br>351.7 | 4.9%<br>254.9 | 1.3%<br>69.9 | 11.7%<br>609.4 | 100%<br>5 187.7<br>1 896.7 | + 24.5 |
| 23.27 | 4.33 | 31.97 | 23.17 | 6.35 | 55.4 | 471.6<br>172.5 | + 2.19 |
| 7.1%<br>110.6 | 1.6%<br>24.3 | 6%<br>94.5 | 6.5%<br>101.8 | 1.8%<br>28 | 4.7%<br>73.2 | 100%<br>1 566.5<br>712.66 | - 149.6 |
| 15.8 | 3.47 | 13.5 | 14.54 | 4 | 10.46 | 223.78<br>101.8 | - 21.38 |
| 7.1%<br>851.1 | 6.4%<br>763.6 | 6.5%<br>778.2 | 5.1%<br>610.2 | 1.3%<br>153.9 | 6.7%<br>799.1 | 100%<br>11 889.4<br>4 820.86 | +1 059.2 |
| 35.46 | 31.82 | 32.43 | 25.43 | 6.41 | 33.29 | 495.39<br>200.87 | + 44.11 |
| 53.2 | 0.4 | — | 22.6 | 2.8 | 3.3 | 186.9<br>137.6 | + 11.1 |
| 26.6 | 0.2 | — | 11.3 | 1.4 | 1.65 | 93.45<br>68.8 | + 5.55 |

# 附　录　二

　　司徒卢威先生批评尼古·—逊先生时,重点是批评"这位俄国政治经济学家完全不懂马克思关于阶级斗争和国家的学说",这是十分正确的。我没有克里文柯先生那样的胆量,只根据司徒卢威先生这篇短评(共 4 栏)就来评判他的观点体系(他的其他文章我不知道);我也不能不指出,我所赞同的不是他所说的一切论点,因此我不能为他的全篇文章辩护,而只能为他的某些基本论点辩护。但无论如何,他对上述情况的估计是很正确的:不了解资本主义社会所固有的阶级斗争,确实是尼古·—逊先生的**根本错误**。只要把这一错误纠正,甚至从他的理论见解和研究中也必然得出社会民主主义的结论。忽略阶级斗争确实证明对马克思主义一窍不通,这对尼古·—逊先生尤其不应宽恕,因为他总想把自己装成马克思原则的严格的崇拜者。一个即使稍微熟悉马克思的人,能够否认阶级斗争学说是马克思全部观点体系的重心吗?

　　尼古·—逊先生当然可以把这条排除在外来接受马克思理论,例如,他可以借口这条不符合俄国的历史和现实,但要知道,那样一来,就首先谈不上马克思的理论能说明我国制度,甚至无法谈这个理论和资本主义,因为那就得改造这个理论,另外创造一个没有对抗关系和阶级斗争的资本主义的概念。不管怎么样,本来应当十分详细地说明这一点,应当解释清楚为什么作者谈到马克思主义的**这一方面**而不愿谈到马克思主义的**另一方面**。可是,尼古·—逊先生根本没有打算这样做。

所以,司徒卢威先生十分公正地得出结论说,尼古·—逊先生由于不懂阶级斗争而成了**空想主义者**,因为忽视资本主义社会的阶级斗争,从而就会忽视这个社会的社会政治生活的全部实际内容,就会为了实现自己的愿望而不可避免地沉溺在天真的幻想之中。他由于不懂阶级斗争而成了**反动分子**,因为向"社会"和"国家"呼吁,也就是说,向资产阶级的思想家和政治家呼吁,只能使社会主义者走入迷途,把无产阶级最凶恶的敌人当做同盟者,只能阻碍工人的解放斗争,而不会促使这个斗争更加有力,更为明朗,更有组织。

————

既然这里已经谈起司徒卢威先生的文章,也就不能不说到尼古·—逊先生发表在《俄国财富》杂志第6期上的答复①。

尼古·—逊先生引用工厂工人数目增长缓慢,落后于人口增长的资料时说:"原来我国的资本主义不仅不执行它的'历史使命',反而使本身的发展受到限制。由此也可以看出,那些'为祖国'寻找'一条不同于西欧过去和现在的发展道路'的人们是万分正确的。"(这还是一个承认俄国走的是同一条资本主义道路的人写的!)尼古·—逊先生认为不执行这一"历史使命"的证明是:"敌视村社的经济潮流(即资本主义)破坏着村社生存的基础,却

————

① 看来,尼古·—逊先生极力用他在《俄国财富》杂志上的文章来证明他同小市民激进主义的距离根本不像人们所想象的那样远,他也能看出农民资产阶级的增长(第6期第118页——改良农具、磷钙粉等等在"农民"中间的推广)标志着"**农民**自己〈即大批被剥夺的农民吗?〉懂得必须摆脱他们现在的处境"。

没有产生像在西欧那样突出的和在北美已开始特别有力地表现出来的联合作用。"

　　换句话说,我们在这里遇见的是著名的瓦·沃·先生所发明的反对社会民主党人的官场论据,他是用一个部吏处理"把资本主义推行到人民生活中去"这一国务问题时的观点,来看待资本主义的:如果它执行"使命"就准,它不执行"使命"就"不准"。且不去说这种机智的议论的其他一切妙处,就拿资本主义"使命"来说,瓦·沃·先生也了解(看来,尼古·—逊先生的了解也一样)得极不正确,极其狭隘,不成样子;当然,这些先生又毫不客气地把自己这种狭隘的了解加在社会民主党人的身上:可以像诽谤死人一样诽谤他们,反正不准他们在合法的报刊上讲话!

　　马克思认为资本主义的进步的革命的作用在于它使劳动社会化,同时通过这一过程本身的机制"把工人阶级训练、联合和组织起来",训练他们去进行斗争,组织他们"反抗",把他们联合起来去"剥夺剥夺者",夺取政权,并把生产资料从"少数掠夺者"手中夺来交给全社会。(《资本论》第650页)①

　　这就是马克思的说法。

　　这里当然没有谈到"工厂工人数目",这里说的是生产资料的集中和劳动的社会化。显然,这些标准同"工厂工人数目"毫无共同之点。

　　可是,我国那些独特地解释马克思学说的人却把这点曲解成这样:仿佛资本主义制度下的劳动社会化不过是使工厂工人在一个场所做工,因而资本主义的进步作用的大小是以……工厂工人

---

① 　参看《马克思恩格斯选集》第3版第2卷第299—300页。——编者注

数目来衡量的!!! 工厂工人数目增加,就是资本主义在真正起进步作用;工厂工人数目减少,就是它"执行自己的历史使命很差"(尼古·—逊先生论文第 103 页),而"知识分子"就应该"为自己祖国寻找另外的道路"。

于是俄罗斯的知识分子就着手寻找"另外的道路"。他们找来找去已经找了几十年,找到了另外的道路,他们拼命证明①资本主义是"不正常的"发展,因为它引起失业和危机。我们在 1880 年果然遇到了危机,在 1893 年又遇到一次:是离开这条道路的时候了,因为我们的情况显然不妙。

而俄国资产阶级却"边听边吃"**60**:的确情况"不妙",已不能得到骇人听闻的利润了;于是他们随声附和自由派和激进派,极力利用闲置的和更便宜的资本去修筑新的铁路。"我们"的情况不妙,因为"我们"在老地方已把人民抢得精光,只好转向不能像商业资本那样发财致富的产业资本:"我们"要到欧俄东部和北部边疆地区去,那里还可能进行"原始积累",提供百分之数百的利润,那里农民的资本主义分化还远未完成。知识分子看到这一切,于是不断地威胁说,"我们"又会遭到破产。新的破产果然来了。大量小资本家被大资本家打垮,大量农民从日益为资产阶级所掌握的农业中被排挤出去;贫困、失业、饥饿的苦海扩大到无边无

---

① 这些证据所以毫无作用,并不是因为它们不符合事实(人民破产、贫困和饥饿确实是资本主义不可避免的伴侣),而是因为这些证据用得不当。"社会"么,——它甚至在民主主义的掩盖下维护富豪的利益,而富豪当然是不会反对资本主义的。"政府"么……——我可以引证一位论敌即尼·康·米海洛夫斯基先生的一段评语。他有一次写道,尽管我们对我国政府的纲领知道得很少,可是我们终究知道一些,我们深信"劳动社会化"是不包括在他们的纲领中的。

际,——于是"知识分子"心安理得地援引自己的预言,又来埋怨道路不正确,证明我国资本主义由于缺乏国外市场而不稳固。

而俄国资产阶级却"边听边吃"。当"知识分子"在寻找新道路时,他们已在大规模地修筑通往自己殖民地的铁路,在那里给自己开辟市场,把资产阶级制度的妙处带到新地区去,在那里特别迅速地培植工农业资产阶级,把大批生产者抛到经常挨饿的失业者队伍中去。

难道社会主义者还总是只埋怨道路不正确,总是用工厂工人数目增加缓慢……来证明资本主义的不稳固吗!!?

在谈到这种幼稚思想①以前,不能不提到尼古·—逊先生对司徒卢威先生文章中受批评的那一段话转述得极不确切。司徒卢威先生文章的原话如下:

"作者〈即尼古·—逊先生〉指出俄国人口成分和美国人口成分在职业上有差别——俄国从事农业的人口假定占从事经济活动(erwerbsthätigen)的人口的80%,而合众国只占44%——但是他没有注意到,俄国资本主义的发展正是要缩小这80—44之间的差别。可以说,这就是资本主义的历史使命。"

尽可认为"使命"一词在这里用得很不恰当,但是司徒卢威先生的意思是明白的:尼古·—逊先生没有注意到,俄国资本主义的发展(他自己也承认这种发展确实是资本主义的)将使农村人口

_____

① 不是拿劳动社会化的程度,而是仅仅拿一个国民劳动部门的发展这样经常波动的指数来断定资本主义的进步作用,怎能令人不把这种思想叫做幼稚的呢?谁都知道,工人数目在资本主义生产方式下只能是极不固定的,工人数目取决于许多次要因素,如危机、后备军多少、劳动剥削程度、劳动强度等等。

日益减少,而这正是资本主义的一般规律。所以,尼古·—逊先生要驳倒这种反对意见,就得证明**或者是**他没有忽略资本主义的这种趋势,**或者是**资本主义没有这种趋势。

尼古·—逊先生没有这样做,而是着手分析我国工厂工人数目的资料(根据他的计算占全国人口1%)。难道司徒卢威先生说的是工厂工人吗?难道俄国20%的人口和美国56%的人口都是工厂工人吗?难道"工厂工人"和"非农业人口"是等同的概念吗?能不能否认俄国农业人口的比重也在缩小呢?

作了这种更正以后(我认为作这一更正所以尤其必要,是因为克里文柯先生在同一个杂志上已把这一段话歪曲过一次了),我们就来谈谈尼古·—逊先生的"我国资本主义执行使命很差"这个意见。

第一,把工厂工人数目和从事资本主义生产的工人数目等量齐观,像《论文集》的作者那样,是荒谬的。这就是重犯(**甚至加重**)那些认为资本主义是直接从大机器工业开始的俄罗斯小市民经济学家的错误。难道千百万俄国手工业者用商人的原料替商人做工,领取普通工资,就不是从事资本主义生产吗?难道农业中的雇农和日工,从业主那里领取的不是工资、交给业主的不是额外价值吗?难道从事建筑业(在我国农民改革后已迅速发展起来的部门)的工人,不遭受资本主义剥削吗?如此等等①。

---

① 这里我只批评尼古·—逊先生按工厂工人数目来判断"资本主义的联合作用"的**方法**。我不能去分析数字,因为我手头没有尼古·—逊先生所使用的那些资料。然而不能不指出,这些资料尼古·—逊先生未必选得恰当。他先是用《军事统计汇编》中的资料说明1865年的情形,用1894年的《工厂一览表》中的资料说明1890年的情形。结果得出工人数目(矿业工人除外)为829 573和875 764人。增加了5.5%,

第二,把工厂工人数目(140万人)同全部人口相比,并用百分数来表示这个比例,这是荒谬的。这简直是把不可比的值加以比较:把有劳动能力的人口同没有劳动能力的人口加以比较,把从事物质财富生产的人口同"意识形态的阶层"加以比较等等。难道工厂工人不是每人都要养活一定数目的不做工的家庭成员吗?难道工厂工人除养活老板和成群的商人外,不是还养活一大群你们认为不同于工厂人口就硬算做农业人口的士兵以及官吏等老爷吗?其次,难道俄国就没有像渔业之类的行业吗?认为这类行业不同于工厂工业,就把它们同农业并在一起,也是荒谬的。如

---

比人口的增加小得多(9 100万和6 142万,增加48.1%)。在**下一页**上他又引了另外的资料:他用1893年《一览表》的资料来表示1865年和1890年的情形。根据这些资料,工人数目是392 718和716 792人;增加82%。可是这里不包括缴纳消费税的工业,其中工人数目(第104页)是:1865年为186 053人,1890年为144 332人。把后两种数字和前两种数字加在一起得出的工人总数(采矿工人除外)是:1865年为578 771人,1890年为861 124人,增加了48.7%,而人口的增加则是48.1%。总之,在五页内,作者既引用了表明增加5%的资料,又引用了表明增加48%的资料!他根据这样一些互相矛盾的资料就断定我国资本主义是不稳固的!!

其次,为什么作者不用他自己在《论文集》中(第11表和第12表)引用过的那些资料呢?按那些资料,工人数目在**三年**内(1886—1889年)增加12%—13%,也就是说,迅速超过人口的增殖。作者也许会说时间的间隔太短。但这些资料是同属一类的,是可比的,而且可靠程度较大;这是第一。第二,虽然时间的间隔短,但作者自己不是也运用了这些资料来判定工厂工业的增长吗?

显然,如果拿工人数目这样一个经常波动的指数来表示一个国民劳动部门的状况,这样的资料就只能是不可靠的。你们想想,该是一个多么天真的梦想家,才会根据这类资料来指望我国资本主义不经过顽强的殊死的斗争,就会自行瓦解、崩溃,才会用这类资料来否定资本主义在一切国民劳动部门中毫无疑问的统治和发展!

果你们想查明俄国人口的职业成分,那就应该第一,把从事物质财富生产的人口单独划出来(即一方面把不做工的人口除外,另一方面把士兵、官吏、神父等等除外),第二,把他们按国民劳动各部门分类整理出来。如果没有这方面的资料,就不该作这种计算①,而不要去胡说什么只有百分之一(??!!)的人口在工厂工

---

① 尼古·—逊先生试图在《论文集》中这样计算,可是根本失败了。该书第 302 页写道:

"近来有人试图确定欧俄 50 个省份的全部自由工人数目(**谢·亚·柯罗连科**的《自由雇佣劳动》1892 年圣彼得堡版)。据农业司调查,欧俄 50 个省份有劳动能力的农村人口共计 35 712 000 人,而农业、加工工业、采掘工业、运输业等等所需的工人总数不过是 30 124 000 人。可见完全多余的过剩工人是一个达 5 588 000 人的巨大数目,连同家属(按通常的标准算)合计,当不少于 1 500 万人。"(该书第 341 页又重复了一遍)

要是我们看看这个"调查",那就会看出这里只是"调查过"地主使用自由雇佣劳动的情形,而谢·柯罗连科先生在这个调查后面附了一个欧俄《农业和工业一览表》。这个一览表试图(不是根据什么"调查",而是按旧有的资料)按职业分类来计算欧俄劳动人口。结果谢·亚·柯罗连科先生得出下列数字:欧俄 50 个省共有 35 712 000 工人。其中:

| | | |
|---|---|---|
| 务农的 | …………………… 27 435 400 | ⎫ |
| 种植特种植物的 | ………………… 1 466 400 | ⎬ 30 124 000 |
| 从事工厂工业和矿业的 | ………… 1 222 700 | ⎭ |
| 犹太人 | …………………………… 1 400 400 | |
| 从事木材业的 | ………………… 约 2 000 000 | |
| 从事畜牧业的 | ………………… 约 1 000 000 | |
| 从事铁路运输业的 | …………… 约 200 000 | |
| 从事渔业的 | …………………… 约 200 000 | |
| 在本地和外地从事副业的, | | |
| 打猎的,捕兽的等等 | ………… 787 200 | |

**总计 35 712 100**

业中就业。

第三,这是对马克思关于资本主义的进步革命作用理论的最主要的和最不成话的曲解。您从哪里听说资本主义的"联合作用"表现在只是使工厂工人联合起来呢?您对马克思主义的看法不是从《祖国纪事》杂志有关劳动社会化的文章中剽窃来的吗?您不是也把劳动社会化归结为在一个场所做工吗?

可是不然。看来这一点是不能责备尼古·—逊的,因为他在《俄国财富》杂志第6期发表的他的文章的第2页上,就确切地说明了资本主义使劳动社会化的事实,正确地指出了这种社会化的两个特征:(1)为全社会劳动;(2)把单个劳动者联合起来以取得共同劳动的产品。不过,既然如此,为什么又要根据工厂工人数目来判断资本主义的"使命",其实这一"使命"是由资本主义和整个劳动社会化的发展,整个无产阶级的形成来执行的,工厂工人对无产阶级来说,只是起着先进队伍即先锋队的作用。诚然,无产阶级的革命运动既以这些工人的数目为转移,也以他们的集中、他们的发展程度等等为转移,然而这一切不能使人有丝毫理由**把资本主义的"联合作用"归结为工厂工人的数目**。如果这样做,就是把马

---

可见柯罗连科先生是把**所有**工人按职业分类计算的(不管算得是好是坏),而尼古·—逊先生却随意拿出前三项,硬说有5 588 000"完全多余的"(??)工人!

除了这个不妥之处而外,不能不指出柯罗连科先生的计算是极其粗率而不确切的:他按一个全俄通用的一般标准来确定农业工人数目,没有把非生产的人口划出来(柯罗连科先生因服从上司的反犹太思想,而把……**犹太人**归入该项去了!非生产的劳动者即商人、乞丐、游民、罪犯等等一定多于140万),手工业者的数目少得不像话(最后一项是外地和本地的手工业者)等等。这样的计算最好是根本不引用。

克思的思想缩小到不堪设想的地步。

举一个例子。弗里德里希·恩格斯在他的小册子《论住宅问题》中谈到德国工业时指出,除德国而外,其他任何一个国家(他说的只是西欧)都没有这样多的占有菜园或一小块田地的雇佣工人。他说:"**同园艺业或小农经济相结合的农村家庭工业,就构成德国新兴大工业的广大基础。**"这种手工业随着德国小农贫困程度的增长而日益强大起来(也同在俄国一样,——我们可以这样补充一句),但在这里工业同农业的**结合**不是使手工业者**享受福利**,反而使他们更**受压迫**。他们被束缚于一个地方,不得不同意随便什么价格,因此,他们不仅把额外价值,而且把很大一部分工资送给资本家(也好像在家庭手工制大生产特别发达的俄国一样)。恩格斯继续说:"**这是问题的一个方面;可是它还有相反的一面。…… 随着家庭工业的发展,一个个农民地区就相继卷入了现代的工业运动。这种由家庭工业造成的农业地区的革命化,就使德国境内工业革命波及的地区要比英国和法国境内工业革命波及的地区广阔得多…… 这就说明,为什么德国同英国和法国相反,革命的工人运动在全国大部分地区有了这样强劲的发展,而不只是局限于中心城市。同时这又说明,为什么这个运动的进展是平静的、稳健的和不可阻挡的。很清楚,在德国只有当多数小城市和大部分农村地区也成熟到实行变革的时候,首都和其他大城市中的胜利起义才有可能。**"①

请看,不仅"资本主义的联合作用",而且工人运动的成功,原来都不仅以工厂工人数目为转移,而且以……**手工业者**的数目为

① 见《马克思恩格斯选集》第 3 版第 3 卷第 187—188 页。——编者注

转移!可是我国独特论者却忽视俄国绝大多数手工业的纯粹资本主义组织,把它们当做什么"人民"工业而同资本主义对立起来,并根据工厂工人数目来断定"直接受资本主义支配的人口百分数"!这很像克里文柯先生的议论:马克思主义者想把全部注意力放在工厂工人身上,但工厂工人在1亿人口中只占100万,这不过是生活中的一个小角落,所以献身于这个小角落,就等于只做等级机关或慈善机关的工作(《俄国财富》杂志第12期)。工厂居然像等级机关和慈善机关那样,是生活中的小角落!!啊,天才的克里文柯先生!大概正是等级机关才为全社会制造产品吧?大概正是等级机关的秩序才说明劳动者被剥削被剥夺的原因吧?大概正是应该在等级机关中寻找能够举起工人解放旗帜的无产阶级的先进代表吧?

这种话出自浅薄的资产阶级哲学家之口倒不奇怪,可是从尼古·一逊先生那里听到这类话,就令人有点难受了。

马克思在《资本论》第393页①上引用了关于英国人口构成的资料。1861年,英格兰和威尔士共有2 000万人。在工厂工业主要部门中做工的工人为1 605 440人。②同时仆役为1 208 648人。并且马克思在第2版注释中指出这后一阶级增长得特别迅速。现在假定英国有这样一些"马克思主义者",他们为了判断

---

① 参看《马克思恩格斯文集》第5卷第513—514页。——编者注

② 有642 607人在纺织业、织袜业和花边业中做工(在我国有数万从事织袜业和花边业的妇女,遭受她们的雇主——"女商人"的极其厉害的剥削。工资有时低到一天**三个**(就是如此!)戈比!请问尼古·一逊先生,难道她们不是"直接受资本主义支配"吗?);其次有565 835人在煤矿和金属矿里做工,有396 998人在各种冶金厂和金属手工工场里做工。

"资本主义的联合作用",拿2 000万去除160万!! 结果得到的是8%,即**不到$\frac{1}{12}$**!!! 既然资本主义连$\frac{1}{12}$的人口都没有联合起来,怎能谈得上资本主义的"使命"呢! 并且增长得更快的是"家庭奴隶"阶级,即"国民劳动"的无益损耗,这种损耗证明"我们"英国人走的是"不正确的道路"! "我们"应该"为祖国寻找另外的"、非资本主义的"发展道路",这难道还不明显吗?!

在尼古·—逊先生的论据中还有一点:他在谈到我国资本主义并不产生"像在西欧那样突出的和**在北美已开始特别有力地表现出来的**"联合作用时,大概指的是工人运动。总之,我们应该寻找另外的道路,因为我国资本主义并不产生工人运动。这一理由似乎米海洛夫斯基先生已经先想到了。马克思所依靠的是现成的无产阶级,——米海洛夫斯基先生曾这样教训过马克思主义者。为了回答一位马克思主义者对他的批评,说他认为贫困不过是贫困,他曾这样反驳说:这种意见照例全是从马克思那里搬来的。他认为如果我们看看《哲学的贫困》的这个地方,就会看出这点不适合我国国情,我国的贫困不过是贫困罢了。其实我们从《哲学的贫困》中还什么也看不出来。马克思在那里讲的是旧派共产主义者,说他们认为贫困不过是贫困,他们看不出它能够推翻旧社会的革命的破坏的一面。① 显然,米海洛夫斯基先生断言这点不适合我国国情的理由,就是我国没有工人运动的"表现"。我们对这种议论应该指出:第一,只有对事实了解得极为肤浅,才会认为马克思依靠的是现成的无产阶级。马克思的共产主义纲领早在1848年以前就由他制定出来了。当时德国的工人运动究竟怎

---

① 参看《马克思恩格斯选集》第3版第1卷第236页。——编者注

么样呢?① 当时甚至没有政治自由,共产主义者的活动只限于秘密小组(和目前我国一样)。把资本主义的革命的和联合的作用具体展示在大家面前的社会民主主义工人运动,是过了 20 年才开始的,那时科学社会主义学说已经最后形成,大工业已散布得更广,在工人中间传播这一学说的许多有才华有毅力的人物已经出现。我们的哲学家们不仅歪曲历史事实,忘记社会主义者为了使工人运动具有觉悟性和组织性而付出的大量劳动,并且把极其荒唐的宿命论见解加在马克思头上。在他们看来,仿佛工人的组织和社会化是自然而然地进行的,所以如果我们看见资本主义而看不见工人运动,那是因为资本主义未执行使命,而不是因为我们在工人中间进行的组织和宣传工作还很薄弱。我国独特论哲学家们的这种小市民的怯懦遁词,也是不值一驳的,因为世界各国社会民主党人的全部活动都在驳斥它,任何一个马克思主义者的每次公开演说都在驳斥它。考茨基说得十分正确:社会民主党是工人运动和社会主义的结合。要使资本主义的进步作用在我国也"表现出来",我国社会主义者就应该用全部精力进行自己的工作;他们应该更详细地探讨对俄国历史和现实的马克思主义观点,应该更具体地考察在俄国特别模糊而隐蔽的一切阶级斗争形式和剥削形式。他们应该进而把这个理论通俗化,把它灌输给工人,应该帮助工人领会它并制定一个最适合我国条件的组织形式,以便传播社会民主主义并把工人团结为一支政治力量。俄国社会民主党人不

---

① 当时工人阶级的人数是多么少,可从下列事实看出:**27 年以后**,在 1875 年,马克思写道:"德国的劳动人民大多数是农民而不是无产者。"(参看《马克思恩格斯选集》第 3 版第 3 卷第 371 页。——编者注)这就是所谓"依靠〈??〉现成的无产阶级"!

仅从未说过他们已经结束了和完成了工人阶级思想家的这项工作（这项工作是没有止境的），相反地，他们始终强调他们刚刚开始进行这项工作，还需要许许多多的人做许多的努力，才能创造一点牢靠的东西。

除了对马克思理论的理解不能令人满意和极端狭隘外，这种关于我国资本主义没有进步作用的流行说法，看来还是以关于神话式的"人民制度"的荒谬思想为根据的。

闻名的"村社"中的"农民"明明在分裂为穷光蛋和富人，分裂为无产者和资本家（特别是商业资本家），有人却不愿看到这里存在着萌芽状态的中世纪的资本主义，避开农村的政治经济结构，想要"为祖国"寻找"另外的道路"，大谈其农民土地**占有**形式的变更，不可原谅地把土地占有形式和经济组织形式混为一谈，仿佛在我国最"平均的村社"内部农民的纯资本主义的分化还没有充分表现出来。后来，这个资本主义渐渐发展起来，超过中世纪农村资本主义的狭隘形式，打破农奴制的土地权力，迫使那些早被剥得精光的饥饿农民把土地扔给村团，让得胜的富农平均分配，自己却离乡背井，在全国流浪，大部分时间没有工作可做，今天被地主雇去干活，明天被承包人雇去修筑铁路，以后又到城市去当小工，或被富裕农民雇去做工等等；这些"农民"在全俄各地更换老板，亲眼看见他们无论走到什么地方都受到最无耻的掠夺，看见同他们一起受到掠夺的还有像他们一样的穷光蛋，看见掠夺他们的不一定是"老爷"，也有"自己的农夫兄弟"（只要他有钱购买劳动力），看见政府到处都为他们的老板服务，侵害工人的权利，借口骚乱而镇压工人想保护本身最起码权利的一切企图，看见俄国工人的劳动强度越来越大，财富和奢侈增加得越来越快，而工人的状况却越来越恶化,剥夺越来越加剧,失业已成为惯例,——在这样的时候,我们那些批评马克思主义的人却要为祖国寻找另外的道路,他们却要解决一个深奥的问题:既然我们看到工厂工人数目增长缓慢,还能不能承认资本主义有进步作用;因为我国资本主义"执行自己的历史使命很差很差",是不是应该抛弃它并且认为它是不正确的道路。

这岂不是很崇高很人道的事吗?

这些凶恶的马克思主义者是多么狭隘的学理主义者,他们竟说在俄国到处存在着劳动者遭受资本主义剥削的情况下,为祖国寻找另外的道路就是逃避现实而流于空想,他们竟认为执行自己使命很差的不是我国资本主义而是俄国社会主义者,因为这些社会主义者不愿了解,梦想平息俄国社会各对抗阶级的历年的经济斗争,就等于染上马尼洛夫精神**61**;他们不愿了解,应该极力使这个斗争具有组织性和觉悟性,并为此而着手进行社会民主主义的工作。

————

最后,不能不指出尼古·—逊先生在《俄国财富》杂志同一期即第6期上对司徒卢威先生的另一攻击。

尼古·—逊先生说:"不能不注意司徒卢威先生论战的某种特点。他是在一个严肃的德文杂志上为德国公众写的,可是他使用的手法看来完全不适当。应该认为不仅德国公众,甚至俄国公众也已长到'成年人的程度',他们不会被掺杂在他文章中的种种'吓人的字眼'所欺骗。在这篇文章的每一段话里都可碰到'空想'、'反动纲领'等等一类的字眼。但是可惜得很,这些'可怕的字眼'已决不会发生像司徒卢威先生所指望的那种作用了。"(第128页)

现在我们试来分析一下，在尼古·—逊先生和司徒卢威先生的这一论战中，有没有"不适当的手法"，如果有，又是谁在使用。

司徒卢威先生被责备使用"不适当的手法"，根据是他在严肃的文章中用"吓人的字眼"和"可怕的字眼"来笼络公众。

所谓使用"吓人的字眼"和"可怕的字眼"，就是给论战对方作出一种表示不赞同的激烈评语，同时又不明确地说明理由，这种评语也不是根据作者的观点（明确叙述过的观点）必然得出来的，不过是表示想要痛骂一顿罢了。

显然，只有这后一点才会把表示不赞同的激烈的形容词变成"吓人的字眼"。例如斯洛尼姆斯基先生曾激烈地评论过尼古·—逊先生，但因为他同时明确地表述了他那种绝对不能了解现代制度的资产阶级性的普通自由主义者的观点，完全明确地说明了他的奇异的论据，所以随便怎样责备他都可以，但不能责备他使用了"不适当的手法"。尼古·—逊先生也曾激烈地批评过斯洛尼姆斯基先生，并且为了告诫和教训他，还给他引证了马克思的"在我国也证明是正确的"（这是尼古·—逊先生自己承认的）言论，认为斯洛尼姆斯基想为小手工业生产和小农土地占有制作辩护是**反动的**和**空想的**，并责备斯洛尼姆斯基"**狭隘**"、"**幼稚**"等等。你们看，尼古·—逊先生的文章也同司徒卢威先生的文章一样，"掺杂着"这样的形容词（用了黑体的几个词），但我们不能说他使用了"不适当的手法"，因为这都是说明了理由的，这都是从作者的一定观点和观点体系中得出来的，这些观点也许是不正确的，但既然采用了这些观点，就不能把对方看做幼稚的狭隘的反动的空想家了。

我们来看看司徒卢威先生的文章是怎样的。他责备尼古·—

逊先生的空想主义(由此必然产生反动纲领)和幼稚,同时十分明白地指出他得出这种意见的根据。第一,尼古·一逊先生既希望"生产社会化",又"向社会〈原文如此!〉和国家呼吁"。这"证明这位俄国政治经济学家完全不懂马克思关于阶级斗争和国家的学说"。我们的国家是"统治阶级的代表"。第二,"如果把只是由于**我们希望**就应当出现的**臆造的**经济制度和**现实的**资本主义对立起来,换句话说,如果想避开资本主义而使生产社会化,那只证明这是一种不合乎历史的幼稚见解"。随着资本主义的发展、自然经济的被排挤和农村人口的减少,"现代国家就会走出它目前还在我们这个宗法时期所处的黑暗状态(我们说的是俄国),而出现在公开的阶级斗争的亮光之下,那时为了使生产社会化,就得寻找另外的力量和因素"。

怎么,这难道不是把理由说得够明确了吗? 可以否认司徒卢威先生用以驳斥作者意见的那些事实的正确性吗? 难道尼古·一逊先生真的注意了资本主义社会所固有的阶级斗争吗? 没有。他谈论社会和国家时,忘记了这一斗争,抛开了这一斗争。例如,他说国家扶持资本主义,而没有通过村社等等使劳动社会化。显然,他认为国家既可这样办也可那样办,因而国家是站**在阶级之外**的。责备司徒卢威先生使用"吓人的字眼"是**极**不公允的,这难道还不明显吗? 认为我们国家是阶级国家的人,不能不把请求这个国家实行劳动社会化即取消统治阶级的人当做幼稚的反动的空想家,这难道还不明显吗? 不仅如此。责备对方使用"吓人的字眼",而又**隐瞒**对方的批评所根据的观点(尽管对方已明白表述了这种观点),况且这种责备又是在对方观点无法渗入的受检查的杂志上提出的,——难道不应该认为这是"完全不适当的手法"吗?

我们再往下说。司徒卢威先生的第二个理由也表述得同样明白。避开资本主义而通过村社实现劳动社会化,这无疑是一种臆造的制度,因为它在现实中是不存在的。尼古·—逊先生自己曾对这一现实作过这样的描绘:在1861年以前,"家庭"和"村社"是生产单位。(《论文集》第106—107页)这种"小的分散的自给自足的生产未能大大发展起来,因此,它的特点是极端守旧,生产率很低"。以后的变化在于"社会分工经常不断地加深"。可见资本主义打破了先前那些生产单位的狭隘界限,使劳动在全社会范围里社会化了。**这种由我国资本主义造成的劳动社会化**,尼古·—**逊先生也是承认的。**为了使劳动社会化,他想依靠的不是**已使劳动社会化了**的资本主义,而是**正因遭到破坏才第一次在全社会范围内使劳动社会化**的村社,所以他是一个反动的空想家。司徒卢威先生的意见就是如此。可以认为这个意见正确或不正确,但是不能否认,从这个意见中在逻辑上必然会产生对尼古·—逊先生的激烈批评,因此也就谈不上什么"吓人的字眼"。

不仅如此,尼古·—逊先生在结束他同司徒卢威先生的论战时,硬说对方想使农民丧失土地("如果所谓进步纲领就是使农民丧失土地……那么《论文集》的作者就是保守主义者了"),尽管司徒卢威先生曾直接声明过:他想使劳动社会化,想通过资本主义使劳动社会化,想为此而依靠那些将在"公开的阶级斗争的亮光"下显露出来的力量。这不能不说是一种同原意截然相反的转述。如果还注意到司徒卢威先生不能在受检查的刊物上谈论那些在阶级斗争的亮光下出现的力量,就是说,尼古·—逊先生的对方是被禁止开口的,那么,说尼古·—逊先生的手法完全是"不适当的手法",恐怕是无可非议的。

# 附 录 三

我所说的对马克思主义的狭隘理解,是指马克思主义者本身来说的。说到这一点,不能不指出,我国自由派和激进派在合法报刊上叙述马克思主义的时候,简直把马克思主义缩小和曲解得不成样子。这是什么叙述！真难以设想,要怎样糟蹋这个革命学说,才能使它躺到俄国书报检查机关的普罗克拉斯提斯床上[62]！我国的政论家却掉以轻心,正在做这类手术:经他们叙述的马克思主义大概就成了这样一种学说,它说明在资本主义制度下,以私有者的劳动为基础的个人所有制,怎样经历着辩证的发展,怎样变为自己的否定,然后又怎样社会化。他们郑重其事地把马克思主义的全部内容纳入这一"公式",不谈它的社会学方法的一切特点,不谈阶级斗争学说,不谈研究的直接目的——揭露一切对抗和剥削形式,以帮助无产阶级来推翻这些形式。毫不奇怪,得出的必然是一种这样暗淡和狭隘的东西,以致我们的激进派也要为贫乏的俄国马克思主义者表示惋惜。当然啊！如果在俄国专制制度和俄国反动势力的横行时代,可以完整地、确切地和充分地叙述马克思主义,把马克思主义的结论彻底说出来,那么,俄国的专制制度和反动势力就不成其为专制制度和反动势力了！如果我国的自由派和激进派真的懂得马克思主义(即使是根据德文书刊),他们也许会羞于在受检查的报刊上这样糟蹋马克思主义。既然无法叙述这个理论,你们就免开尊口,或者交代一下,说你们远没有道出全部内容,说你们把最重要的东西都略去了。但为什么只叙述一些片断,却大喊大叫狭隘性呢?

要知道,这样只会闹出只有俄国才能有的笑话来,把一些根本不懂阶级斗争,不懂资本主义社会所固有的必然对抗,不懂这种对抗的发展,不懂无产阶级的革命作用的人算做马克思主义者;甚至把一些直接提出资产阶级方案的人,也算做马克思主义者,只要他们有时也说过"货币经济"及其"必然性"等等一类字眼就行,而承认这些字眼是马克思主义者专用的字眼,是需要有米海洛夫斯基先生那样的机智的。

马克思认为他的理论的全部价值在于这个理论"按其本质来说,它是批判的①和革命的"②。后一性质的确完全地和无条件地是**马克思主义**所固有的,因为这个理论公开认为自己的任务就是**揭露**现代社会的一切对抗和剥削形式,考察它们的演变,证明它们的暂时性和转变为另一种形式的必然性,**因而也就帮助无产阶级尽可能迅速地、尽可能容易地消灭任何剥削**。这一理论对世界各国社会主义者所具有的不可遏止的吸引力,就在于它把严格的和高度的科学性(它是社会科学的最新成就)同革命性结合起来,并且不仅仅是因为学说的创始人兼有学者和革命家的品质而偶然地结合起来,而是把二者内在地和不可分割地结合在这个理论本身

---

① 请注意,马克思在这里说的是唯物主义的批判,他认为只有这种批判才是科学的批判,这种批判就是把政治、法律、社会和习俗等等方面的事实拿来同经济、生产关系体系,以及在一切对抗性社会关系基础上必然形成的各个阶级的利益加以对照。俄国的社会关系是对抗性的关系,这几乎是谁也不能怀疑的。可是还没有人试把这些关系当做根据来进行**这种**批判。

② 见《马克思恩格斯选集》第3版第2卷第94页。——编者注

中。实际上，这里直接地提出理论的任务、科学的目的就是帮助被压迫阶级去进行他们已在实际进行的经济斗争。

> **"我们并不向世界说：停止你那些斗争吧，它们都是愚蠢之举；我们要向世界喊出真正的斗争口号。"**[①]

因而在马克思看来，科学的直接任务就是提出真正的斗争口号，也就是说，善于客观地说明这个斗争是一定生产关系体系的产物，善于**了解**这一斗争的必然性、它的内容、它的发展进程和条件。要提出"斗争口号"，就必须十分详细地研究这一斗争的每种形式，考察它由一种形式转为另一种形式时的每一步骤，以便善于随时判定局势，不忽略斗争的总性质和总目的——完全地和彻底地消灭任何剥削和任何压迫。

试把"我国著名的"尼·康·米海洛夫斯基在他的"批评"中叙述过和攻击过的那套平庸的胡说，同马克思的"批判的和革命的"理论比较一下，你们就会感到惊异，怎么竟会有人认为自己是"劳动阶级的思想家"，却又只限于……摆弄"磨光了的金币"，——我国政论家抹去马克思理论的全部精华，就把它变成了这样的金币。

试把那些最初也想做劳动者思想家的我国民粹派的著作，即论述我国整个经济制度的历史和现状，包括农民的历史和现状的著作，同这个理论的要求比较一下，你们就会感到惊异，社会主义者怎么能满足于只是研究和描写灾难并就这种灾难进行说教的理论。农奴制度不是被看做产生了某种剥削、某些对抗阶级、某些政治和法律等等制度的一定经济组织形式，而只是被看做地主的横

---

① 见《马克思恩格斯文集》第10卷第9页。——编者注

行霸道和对待农民的不公平。农民改革不是被看做某些经济形式和某些经济阶级的冲突，而是被看做尽管愿望极其善良但错误地"选择了""不正确道路"的长官的措施。改革后的俄国被说成是偏离正道因而给劳动者带来灾难，而不是有了某种发展的一定的对抗性生产关系体系。

不过，现在这个理论已经信誉扫地，这是不容置疑的，而俄国社会主义者越是迅速了解在现代知识水平上，不可能有马克思主义之外的革命理论，越是迅速集中他们的全部力量来把这个理论在理论上和实践上运用于俄国，革命工作的成功就会越可靠越迅速。

————

为了清楚地说明"人民之友"先生们号召知识分子从文化上影响"人民"来"创立"正常的真正的工业等等，是怎样败坏着现代"俄国贫乏的思想界"，我们且引证那些与我们的思想方式根本不同的人们，即民意党嫡系后裔的"民权党人"所作的评论。请看1894年"民权党"出版的小册子《迫切的问题》。

有一类民粹主义者说："不管怎样，即使在广泛自由的条件下，俄国也不应该放弃它的足以保证〈！〉劳动者在生产中的独立地位的经济组织。"他们还说："我们需要的不是政治改革，而是有步骤地、有计划地进行的经济改革。"民权党人给了这类民粹主义者有力的驳斥之后接着说：

"我们不是资产阶级的辩护人，更不是资产阶级理想的崇拜者，但是假如厄运要人民有所抉择：或者是在地方官热心保护下，实行'有计划的经济改革'，不受资产阶级的侵犯；或者是在政治自由基础上，也就是说，在**保证**人民能有组织地保护自己利益的条件下,使资产阶级存在,那么,我们认为人民选择后者是绝对有利的。现在我国并没有进行要取消人民的貌似独立的经济组织的'政治改革',可是存在着到处都照例认为是资产阶级政策的东西,这种政策表现为极粗暴地剥削人民的劳动。现在我国既没有广泛的自由,也没有狭隘的自由,可是存在着各立宪国家的大地主和资本家已不再梦想追求的对等级利益的袒护。现在我国没有'资产阶级议会制度',社会人士绝对不准参与国家管理,可是存在着要求政府用万里长城来防护自己利益的纳伊杰诺夫、莫罗佐夫、卡兹、别洛夫一流的先生,以及居然要求 1 俄亩可以得到 100 卢布无息贷款的'我国忠诚贵族'。他们应邀参加各种委员会,他们讲什么,人们都洗耳恭听,他们的意见在国家经济生活的最重要的问题上起着决定性作用。可是,有谁在什么地方替人民说话呢?不就是那些地方官吗? 不是正在为人民筹划成立农业劳动队吗? 现在不是有人公然无耻地说,给人民份地只是为了要他们纳税和服役吗? 沃洛格达省省长在他的通令中不就是这样说的吗? 这位省长不过是表述和大声地说出了专制制度(或者正确些说,官僚专制制度)在自己的政策中必然实行的办法罢了。"

不管民权党人对"人民"(他们想要维护他们的利益)的看法,对"社会"(他们继续认为它是保护劳动利益的值得信任的机关)的看法是怎样的模糊,无论如何不能不承认"民权党"的成立是前进了一步,而前进的方向,是要彻底抛弃"为祖国"寻找"另外的道路"的错觉和幻想,是要大胆承认现实的道路,并在这种道路的基础上寻找进行革命斗争的成分。这里明白地显露了要成立民主主义政党的意向。我只说"意向",是因为可惜民权党人并没有始终不渝地贯彻他们的基本观点。他们仍在谈论要同社会主义者联合和结盟,而不愿了解:把工人卷入单纯的政治激进主义运动,不过是使工人知识分子脱离工人群众,使工人运动软弱无力,因为工人运动只有在各方面充分代表工人阶级利益的基础上,在同反资本仆役的政治斗争融合为一体的反资本的经济斗争的基础上,才能是强有力的。他们不愿了解:要达到一切革命分子"联合"的目的,最好是使各种利益的代表人物①分别组织起来,并由这个和那个政党在一定的场合采取共同行动。他们现在还把自己的党叫做"社会革命党"(见"民权党"1894 年 2 月 19 日宣言),虽然他们以纯粹政治改革为限,小心翼翼地回避我国"可恶的"社会主义问题。一个这样热烈号召人们丢掉错觉的党,本来不应该在自己的"宣言"上一开头就给人造成错觉,本来不应该在只有**立宪主义**的地方谈论**社会主义**。可是,再说一遍,不注意民权党人是由民意党人而来的,就不能评价民权党人。因此不能不承认,他们用纯粹政治纲领来论证同社会主义无关的纯粹政治斗争,是前进了一步。社会民主党人竭诚希望民权党人获得成功,希望他们的党成长和发展起来,希望他们同那些站在现存经济制度的基地上②,其**日常**利益真正和**民主主义**有着极密切联系的社会分子更加密切地接近起来。

---

① 他们自己也反对相信知识分子的神通广大,他们自己也说必须使人民自己参加斗争。但为此必须把这个斗争同一定的日常利益联系起来,因而必须把各种利益区别开来并将它们分别引入斗争……  如果拿一些只有知识分子才了解的赤裸裸的政治要求来遮掩这些不同的利益,那岂不是又向后倒退,又只限于仅仅是知识分子的斗争吗?而这种斗争的软弱无力是刚才承认过了的。

② (即资本主义制度的基地上),而不是站在必须否定这个制度和无情反对这个制度的基地上。

　　"人民之友"的调和主义的、畏首畏尾的、感伤幻想的民粹主义,将因遭到两面夹攻而无法长久支持下去:一方面是政治激进派攻击他们,因为他们居然对官僚表示信任,不了解政治斗争的绝对必要性;另一方面是社会民主党人攻击他们,因为他们虽然同社会主义毫不相干,根本不懂劳动者受压迫的原因和正在进行的阶级斗争的性质,却企图以几乎是社会主义者的名义出来说话。

1894 年胶印出版

选自《列宁全集》中文第 2 版
增订版第 1 卷第 102—296 页

# 注　释

**1** 《俄国财富》杂志(《Русское Богатство》)是俄国科学、文学和政治刊物。1876 年创办于莫斯科,同年年中迁至彼得堡。1879 年以前为旬刊,以后为月刊。1879 年起成为自由主义民粹派的刊物。1892 年以后由尼·康·米海洛夫斯基和弗·加·柯罗连科领导,成为自由主义民粹派的中心,在其周围聚集了一批政论家,他们后来成为社会革命党、人民社会党和历届国家杜马中的劳动派的著名成员。在 1893 年以后的几年中,曾同马克思主义者展开理论上的争论。为该杂志撰稿的也有一些现实主义作家。1906 年成为人民社会党的机关刊物。1914 年至 1917 年 3 月以《俄国纪事》为刊名出版。1918 年被查封。——3。

**2** 指尼·康·米海洛夫斯基写的《卡尔·马克思在尤·茹柯夫斯基先生的法庭上》一文,载于 1877 年 10 月《祖国纪事》杂志第 10 期。——5。

**3** 《社会契约论》是法国启蒙思想家让·雅克·卢梭的主要著作之一,1762 年在阿姆斯特丹出版。这本书的中心思想是:人是生而自由平等的,国家只能是自由的人民自由协议的产物,如果自由被强力所剥夺,则人民有权进行革命,用强力夺回自己的自由。卢梭的这部著作对法国大革命产生了巨大的影响,但就其社会观来说是唯心主义的。——10。

**4** 指马克思给《祖国纪事》杂志编辑部的信(见《马克思恩格斯选集》第 3 版第 3 卷第 727—731 页)。这封信是马克思在 1877 年年底读到尼·康·米海洛夫斯基《卡尔·马克思在尤·茹柯夫斯基先生的法庭上》一文时写的,马克思逝世后由恩格斯抄寄俄国。恩格斯说:"这封信曾以法文原信的手抄本在俄国流传很久,后来译成俄文于 1886 年发表在日内瓦的《民意导报》上,随后俄译文又在俄国国内发表。这封信同所有出自马克思手笔的东西一样,在俄国各界人士中引起极大注意。"(见《马克思恩格斯选集》第 3 版第 4 卷第 315 页)——16。

5　指马克思和恩格斯在 1845—1846 年合写的《德意志意识形态》一书(参看《马克思恩格斯全集》中文第 1 版第 3 卷)。此书在他们生前未能全部出版,只发表了第 2 卷的第 4 章。1932 年由联共(布)中央马克思恩格斯列宁研究院第一次用德文全文发表。——17。

6　见俄国作家米·叶·萨尔蒂科夫-谢德林的随笔《在国外》。其中写道,1876 年春他在法国听到一些法国自由派人士在热烈地谈论大赦巴黎公社战士的问题。他们一致认为大赦是公正而有益的措施,但在结束这个话题时,不约而同地都把食指伸到鼻子前,说了一声"mais"(即"但是"),就再也不说了。于是谢德林恍然大悟:原来法国人所说的"但是"就相当于俄国人所说的"耳朵不会高过额头",意思是根本不可能有这样的事情。——19。

7　氏族组织是原始社会的社会组织形式。氏族是基本的社会经济单位,由有血缘关系的亲族组成,内部严禁通婚。若干氏族为一个部落,若干部落结成部落联盟。在氏族组织中,人们适应当时生产力发展的水平,过着原始共产主义的生活:生产资料公有,集体从事生产,产品平均分配,没有阶级,没有剥削。氏族约产生于旧石器时代晚期,最初为母权制,到新石器时代的晚期逐步过渡到父权制。氏族组织随着私有财产的出现和国家的产生而解体。关于氏族组织,可参看马克思的《路易斯·亨·摩尔根〈古代社会〉一书摘要》(《马克思恩格斯全集》中文第 1 版第 45 卷)和恩格斯的《家庭、私有制和国家的起源》(《马克思恩格斯选集》第 3 版第 4 卷)。——21。

8　采邑制度是一种特殊的封建土地占有制。采邑是封建君主的财产,由君主暂时赐给军中供职人员或宫廷官吏使用。采邑制度的出现是与中央集权的形成和集中的军队的建立分不开的。在俄国,采邑制度出现于 15 世纪,至 16 世纪为鼎盛时期。从 17 世纪起,采邑和世袭领地这两种封建土地占有制之间的区别逐渐消失。在1714年彼得一世颁布关于采邑世袭制法令以后,采邑完全成为贵族地主的私有财产。——23。

**9** 指俄国古代的基辅罗斯(9—12世纪初)。——25。

**10** 即莫斯科国时期(15世纪末—17世纪)。——25。

**11** 村社是俄国农民共同使用土地的形式,其特点是在实行强制性的统一轮作的前提下,将耕地分给农户使用,森林、牧场则共同使用,不得分割。村社内实行连环保的制度。村社的土地定期重分,农民无权放弃土地和买卖土地。村社管理机构由选举产生。俄国村社从远古即已存在,在历史发展过程中逐渐成为俄国封建制度的基础。沙皇政府和地主利用村社对农民进行监视和掠夺,向农民榨取赋税,逼迫他们服徭役。

村社问题在俄国曾引起热烈争论,发表了大量有关的经济学文献。民粹派认为村社是俄国向社会主义发展的特殊道路的保证。他们企图证明俄国的村社农民是稳固的,村社能够保护农民,防止资本主义关系侵入他们的生活。早在19世纪80年代,格·瓦·普列汉诺夫就已指出民粹派的村社社会主义的幻想是站不住脚的。到了90年代,列宁粉碎了民粹派的理论,用大量的事实和统计材料说明资本主义关系在俄国农村是怎样发展的,资本是怎样侵入宗法制的村社、把农民分解为富农与贫苦农民两个对抗阶级的。

在1905—1907年革命中,村社曾被农民用做革命斗争的工具。地主和沙皇政府对村社的政策在这时发生了变化。1906年11月9日,沙皇政府大臣会议主席彼·阿·斯托雷平颁布了摧毁村社、培植富农的土地法令,允许农民退出村社和出卖份地。这项法令颁布后的9年中,有200多万农户退出了村社。但是,村社并未被彻底消灭,到1916年底,欧俄仍有三分之二的农户和五分之四的份地在村社里。村社在十月革命以后还存在很久,直到全盘集体化后才最终消失。——25。

**12** 布勒宁式的讥讽态度指卑劣的论战手法。维·彼·布勒宁是俄国政论家和作家,黑帮报纸《新时报》的撰稿人。他对一切进步社会思潮的代表人物肆意诽谤。——26。

13　指国际工人协会。

　　　国际工人协会(第一国际)是无产阶级第一个国际性的革命联合组织,1864 年 9 月 28 日在伦敦成立。马克思参与了国际工人协会的创建,是它的实际领袖,恩格斯参加了它后期的领导工作。在马克思和恩格斯的指导下,国际工人协会领导各国工人的经济斗争和政治斗争,积极支持被压迫民族的解放运动,坚决揭露和批判蒲鲁东主义、巴枯宁主义、拉萨尔主义、工联主义等错误思潮,促进了各国工人的国际团结。国际工人协会在 1872 年海牙代表大会以后实际上已停止活动,1876 年7 月 15 日正式宣布解散。国际工人协会的历史意义在于它"奠定了工人国际组织的基础,使工人作好向资本进行革命进攻的准备"(参看《列宁选集》第 3 版修订版第 3 卷第 790 页)。——26。

14　《新时报》(«Новое Время»)是俄国报纸,1868—1917 年在彼得堡出版。出版人多次更换,政治方向也随之改变。1872—1873 年采取进步自由主义的方针。1876—1912 年由反动出版家阿·谢·苏沃林掌握,成为俄国最没有原则的报纸。1905 年起是黑帮报纸。1917 年二月革命后,完全支持资产阶级临时政府的反革命政策,攻击布尔什维克。1917 年10 月 26 日(11 月 8 日)被查封。——28。

15　指维·彼·布勒宁 1894 年 2 月 4 日在《新时报》上写了一篇题为《批评随笔》的杂文,极力称赞尼·康·米海洛夫斯基对马克思主义者的攻击一事。——29。

16　出自俄国作家伊·安·克雷洛夫的寓言《象和哈巴狗》。寓言讲一只小哈巴狗朝着一只大象狂吠乱叫,无理取闹,以为这样可以使自己毫不费力地成为"大名鼎鼎的好汉"。——29。

17　出自俄国作家米·叶·萨尔蒂科夫-谢德林的寓言故事《风干鲤鱼》。在本文中,干鱼被用来比喻没有思想内容的空洞提法。——30。

18　指《德法年鉴》杂志。

　　　《德法年鉴》杂志(«Deutsch-Französische Jahrbücher»)是马克思和

阿·卢格合编的德文刊物,1844 年在巴黎出版。由于马克思和资产阶级激进派卢格之间有原则性的意见分歧,杂志只出了第 1—2 期合刊。这一期《德法年鉴》载有马克思的《论犹太人问题》和《〈黑格尔法哲学批判〉导言》,恩格斯的《国民经济学批判大纲》和《英国状况。评托马斯·卡莱尔的〈过去和现在〉》(参看《马克思恩格斯文集》第 1 卷;《马克思恩格斯选集》第 3 版第 1 卷;《马克思恩格斯全集》中文第 2 版第 3卷)。这些文章标志着马克思和恩格斯完成了从唯心主义向唯物主义、从革命民主主义向共产主义的转变。——32。

19　《欧洲通报》杂志(《Вестник Европы》)是俄国资产阶级自由派的历史、政治和文学刊物,1866 年 3 月—1918 年 3 月在彼得堡出版。1866—1867 为季刊,后改为月刊。先后参加编辑出版工作的有米·马·斯塔秀列维奇、马·马·柯瓦列夫斯基等。——36。

20　这篇短评是彼得堡大学教授伊·伊·考夫曼(伊·考—曼)写的。马克思认为它对辩证方法作了恰当的叙述。参看《马克思恩格斯选集》第 3版第 2 卷第 91—93 页。——36。

21　以下引用的恩格斯的答复,见《反杜林论》第 1 编第 13 章(《马克思恩格斯全集》中文第 2 版第 26 卷第 137—142 页)。引文是列宁亲自译成俄文的。——39。

22　据罗马神话,雷神丘必特变成一头公牛,拐走了腓尼基王阿革诺耳的女儿欧罗巴。这自然不是所有公牛都能做到的。"丘必特可做的,公牛不可做"一语即由此演变而来。——45。

23　《祖国纪事》杂志(《Отечественные Записки》)是俄国刊物,在彼得堡出版。1820—1830 年期间登载俄国工业、民族志、历史学等方面的文章。1839 年起成为文学和社会政治刊物(月刊)。1839—1846 年,由于维·格·别林斯基等人参加该杂志的工作,成为当时最优秀的进步刊物。60 年代初采取温和保守的立场。1868 年起,由尼·阿·涅克拉索夫、米·叶·萨尔蒂科夫-谢德林、格·扎·叶利谢耶夫主持,成为团结革命民主主义知识分子的中心。1877 年涅克拉索夫逝世后,尼·康·米海洛夫斯基加入编辑部,民粹派对这个杂志的影响占了优势。该杂志不断遭到沙皇政府书报检查机关的迫害。1884 年 4 月被查封。
——46。

**24**　金犊据圣经传说是以色列人为了走出埃及而祈求祭司亚伦用黄金铸造
的领路之神(见《旧约全书·出埃及记》)。——47。

**25**　指《共产党宣言》中提出的下述原理:

"共产党人的理论原理,决不是以这个或那个世界改革家所发明或
发现的思想、原则为根据的。

这些原理不过是现存的阶级斗争、我们眼前的历史运动的真实关
系的一般表述。"(见《马克思恩格斯选集》第 3 版第 1 卷第 413—414
页)——49。

**26**　指尼·康·米海洛夫斯基当时写的两篇文章:《关于马克思的一本书的
俄文版》(1872 年 4 月《祖国纪事》杂志第 4 期)和《卡尔·马克思在
尤·茹柯夫斯基先生的法庭上》(1877 年 10 月《祖国纪事》杂志第 10
期)。——52。

**27**　指谢·尼·尤沙柯夫。列宁在本书第 2 编里着重批评了这个民粹派分
子的政治经济学观点(见第 1 编《出版者说明》)。——56。

**28**　《俄国思想》杂志(«Русская Мысль»)是俄国科学、文学和政治刊物(月
刊),1880—1918 年在莫斯科出版。它起初是同情民粹主义的温和自
由派的刊物。1905 年革命后成为立宪民党的刊物,由彼·伯·司徒
卢威和亚·亚·基泽韦捷尔编辑。十月革命后于 1918 年被查封。后
由司徒卢威在国外复刊,成为白俄杂志,1921—1924 年、1927 年先后在
索非亚、布拉格和巴黎出版。——58。

**29**　指俄国 1861 年废除农奴制的改革。这次改革是由于沙皇政府在军事
上遭到失败、财政困难和反对农奴制的农民起义不断高涨而被迫实行
的。沙皇亚历山大二世于 1861 年 2 月 19 日(3 月 3 日)签署了废除农
奴制的宣言,颁布了改革的法令。这次改革共"解放了" 2 250 万地主农
民,但是地主土地占有制仍然保存下来。在改革中,农民的土地被宣布
为地主的财产,农民只能得到法定数额的份地,并要支付赎金。赎金主

要部分由政府以债券形式付给地主,再由农民在 49 年内偿还政府。根据粗略统计,在改革后,贵族拥有土地 7 150 万俄亩,农民则只有 3 370 万俄亩。改革中地主把农民土地割去了 $\frac{1}{5}$,甚至 $\frac{2}{5}$。

在改革中,旧的徭役制经济只是受到破坏,并没有消灭。农民份地中最好的土地以及森林、池塘、牧场等都留在地主手里,使农民难以独立经营。在签订赎买契约以前,农民还对地主负有暂时义务。农民为了赎买土地交纳的赎金,大大超过了地价。仅前地主农民交给政府的赎金就有 19 亿卢布,而转归农民的土地按市场价格仅值 5 亿多卢布。这就造成了农民经济的破产,使得大多数农民还像以前一样,受着地主的残酷剥削和奴役。但是,这次改革仍为俄国资本主义经济的发展创造了有利的条件。——61。

**30**　指劳动解放社。

劳动解放社是俄国第一个马克思主义团体,由格·瓦·普列汉诺夫和维·伊·查苏利奇、帕·波·阿克雪里罗得、列·格·捷依奇、瓦·尼·伊格纳托夫于 1883 年 9 月在日内瓦建立。劳动解放社把马克思主义创始人的许多重要著作译成俄文,在国外出版后秘密运到俄国,对马克思主义在俄国的传播起了巨大作用。普列汉诺夫当时写的《社会主义与政治斗争》、《我们的意见分歧》、《论一元论历史观之发展》等著作有力地批判了民粹主义,用马克思主义的观点分析了俄国社会的现实和俄国革命的一些基本问题。普列汉诺夫起草的劳动解放社的两个纲领草案——1883 年的《社会民主主义的劳动解放社纲领》和 1885 年的《俄国社会民主党人纲领草案》,对于俄国社会民主党的建立具有重要意义,后一个纲领草案的理论部分包含了马克思主义政党纲领的基本成分。劳动解放社在团结俄国社会民主党的力量方面也做了许多工作。它还积极参加社会民主党人的国际活动,和德、法、英等国的社会民主党都有接触。劳动解放社以普列汉诺夫为代表对伯恩施坦主义进行了积极的斗争,在反对俄国的经济派方面也起了重要作用。恩格斯曾给予劳动解放社的活动以高度评价(参看《马克思恩格斯选集》第 3 版第 4 卷第 574 页)。列宁认为劳动解放社的历史意义在于它从理论上为俄国社会民主党奠定了基础,向着工人运动迈出了第一步。劳动解放社的主要缺点是:它没有和工人运动结合起来,它的成员对俄国资本主义发展的特点缺乏具体分析,对建立不同于第二国际各党的新型政党的特殊任务缺乏认识等。劳动解放社于 1903 年 8 月在俄国社会民主工党第二次代表大会上宣布解散。——64。

**31** 民意主义指民意党的学说和主张。

民意党是俄国土地和自由社分裂后产生的革命民粹派组织,于 1879 年 8 月建立。主要领导人是安·伊·热里雅鲍夫、亚·德·米哈伊洛夫、米·费·弗罗连柯、尼·亚·莫罗佐夫、维·尼·菲格涅尔、亚·亚·克连亚特科夫斯基、索·李·佩罗夫斯卡娅等。该党主张推翻专制制度,在其纲领中提出了广泛的民主改革的要求,如召开立宪会议,实现普选权,设置常设人民代表机关,实行言论、信仰、出版、集会等自由和广泛的村社自治,给人民以土地,给被压迫民族以自决权,用人民武装代替常备军等。但是民意党人把民主革命的任务和社会主义革命的任务混为一谈,认为在俄国可以超越资本主义,经过农民革命走向社会主义,并且认为俄国主要革命力量不是工人阶级而是农民。民意党人从积极的"英雄"和消极的"群氓"的错误理论出发,采取个人恐怖的活动方式,把暗杀沙皇政府的个别代表人物作为推翻沙皇专制制度的主要手段。他们在 1881 年 3 月 1 日(13 日)刺杀了沙皇亚历山大二世。由于理论上、策略上和斗争方法上的错误,在沙皇政府的严重摧残下,民意党在 1881 年以后就瓦解了。——69。

**32** 《出版者说明》是本书第 1 编的初版跋。文中提到的"正在准备的第 2 版和第 3 版",指本书的第 2 编和第 3 编。——72。

**33** 《本版说明》是本书第 1 编的第 2 版跋。——73。

**34** 《法学通报》杂志(《Юридический Вестник》)是俄国莫斯科法学会的机关刊物(月刊),1867 — 1892 年在莫斯科出版。先后参加编辑工作的有马·马·柯瓦列夫斯基和谢·安·穆罗姆采夫等。为杂志撰稿的主要是莫斯科大学的自由派教授,在政治上主张进行温和的改革。——75。

**35** 份地是指 1861 年俄国废除农奴制后留给农民的土地。这种土地由村社占有,分配给农民使用,并定期重分。——85。

**36**　指俄国沙皇亚历山大二世 1861 年 2 月 19 日签署的废除农奴制的宣言，参看注 29。——87。

**37**　列宁这里说的关于农民分化的"几个县的资料"，是在本书第 2 编里引用的。

　　　关于农民分化的问题，列宁在《俄国资本主义的发展》一书的第 2 章里作了详细的分析(见《列宁全集》中文第 2 版增订版第 3 卷)。——92。

**38**　切特维尔梯农民是俄国国家农民的一种，他们是莫斯科国军人的后裔。这些军人(哥萨克骑兵、射击兵、普通士兵)因守卫边疆而分得若干切特维尔梯(一切特维尔梯等于半俄亩)的小块土地，供其暂时或永久使用，切特维尔梯农民即由此得名。从 18 世纪起，切特维尔梯农民开始称为独户农。独户农在一个时期内处于介乎贵族和农民之间的地位，享有各种特权，可以占有农奴。独户农可以把土地作为私有财产来支配，这是他们和土地由村社占有、自己无权买卖土地的其他国家农民不同的地方。1866 年的法令承认独户农的土地(即切特维尔梯土地)为私有财产。——95。

**39**　这几段话列宁引自伊·阿·古尔维奇《俄国农村的经济状况》(1892 年纽约英文版)一书。该书载有宝贵的实际材料，列宁对它的评价很高。——95。

**40**　科卢帕耶夫和杰隆诺夫是俄国作家米·叶·萨尔蒂科夫-谢德林的特写作品《蒙列波避难所》和《栋梁》中的人物。他们都是俄国 1861 年农民改革后新兴资产者的典型。——98。

**41**　施巴依是包货商。

　　　伊瓦施是贩卖人。——103。

**42**　冬天的尼古拉节是俄历 12 月 6 日。尼古拉是宗教传说中的圣徒，俄国农民把他奉为耕种和收获的庇护神。——111。

**43**　彭帕杜尔出自俄国作家米·叶·萨尔蒂科夫-谢德林的讽刺作品《彭帕杜尔先生们和彭帕杜尔女士们》。作家在这部作品中借用法国国王路易十五的情妇彭帕杜尔这个名字塑造了俄国官僚阶层的群像。"彭帕杜尔"一词后来成了沙皇政府昏庸横暴、刚愎自用的官吏的通称。
——114。

**44**　格莱斯顿土地法案是19世纪70年代和80年代英国自由党格莱斯顿内
阁为缓和爱尔兰佃农和英国地主间的斗争和扑灭爱尔兰革命运动而实
行的改良主义的土地法令。这些法案规定：对佃农进行的土壤改良给
予一定补偿；成立专门土地法庭来规定所谓"公平"租金，15年不变，在
此期间地主不得驱逐佃农等。——126。

**45**　俾斯麦工人保险法是19世纪80年代德国俾斯麦政府对工人受伤、患
病、残废和年老时实行社会保险的法令。俾斯麦的保险法只及于一部
分工人，同时伤病互助会的资金三分之二由工人自己出，只有三分之一
由企业主出。俾斯麦企图用这种对工人施以小恩小惠的办法来瓦解工
人运动。——126。

**46**　赎金指俄国1861年改革后农民为赎取份地每年交纳的款项。按照改
革的法令，农民的宅地可以随时赎取，而份地则须经地主与农民自愿协
议或地主单方面要求始可赎取。份地的赎价是将每年代役租按6%的
年利率加以资本化得出的，例如，每年代役租为6卢布，赎价就是100卢
布。所以农民所赎取的在名义上是土地，实际上也包括人身自由在内，
赎价远远超过了份地的实际价格。在赎取份地时，农民先付赎价的
20%—25%（如果地主单方面要求赎地，则农民不付这笔费用），其余
75%—80%由政府以债券形式付给地主，然后由农民在49年内加利息
分年偿还政府。因此赎金实际上成了前地主农民交纳的一种沉重的直
接税。由于农民赎取份地的最后限期为1883年，赎金的交纳要到1932
年才最后结束。在1905—1907年俄国第一次革命中，沙皇政府慑于农
民运动的威力，从1907年1月起废除了赎金。——128。

**47**　见俄国作家米·叶·萨尔蒂科夫-谢德林的讽刺故事《自由主义者》。
一个自由主义者唱着"任何社会都必须以自由、保障和独立三要素作为
基础"的高调，却没有为实现自己的理想而奋斗的决心和勇气，在"权威
人士"的劝诱和威逼下步步退让，终于和当局同流合污，遭到人们的唾
弃。——128。

**48**　《星期周报》(«Неделя»)是俄国文学和政治报纸,1866—1901年在彼得堡出版。1868—1879年间曾因发表"有害言论"多次被勒令停刊。1880—1890年该报急剧向右转,变成自由主义民粹派的报纸,反对同专制制度作斗争,鼓吹所谓"干小事情"的理论,即号召知识分子放弃革命斗争,从事"平静的文化工作"。——131。

**49**　巴枯宁派和骚乱派是俄国无政府主义者米·亚·巴枯宁的信徒。他们坚决反对马克思主义的理论和工人运动的策略,否定包括无产阶级专政在内的任何国家,主张由"优秀分子"组成的秘密革命团体去领导群众骚乱,并认为俄国农民会马上举行起义。

　　俄国巴枯宁派的代表之一谢·根·涅恰耶夫和住在国外的巴枯宁保持密切联系,1869年试图在俄国组织密谋活动团体"人民惩治会";但他只在莫斯科成立了一些小组,这些小组很快就被沙皇政府破坏。

　　巴枯宁派的理论和策略受到马克思、恩格斯和列宁的谴责(参看马克思和恩格斯的《社会主义民主同盟和国际工人协会》,恩格斯的《行动中的巴枯宁主义者》、《流亡者文献》(《马克思恩格斯全集》中文第1版第18卷;《马克思恩格斯选集》第3版第3卷),列宁的《论临时革命政府》(《列宁全集》中文第2版增订版第10卷))。——132。

**50**　指全国代表机关。当时俄国许多人都提出召开国民代表会议的要求,但目的各不相同。1873年马克思和恩格斯曾指出:"当时在俄国有人要求召开国民代表会议。一些人要求用这种会议来解决财政困难,另一些人要求用这种会议来推翻君主政体。巴枯宁希望用这种会议来显示俄国的统一,来巩固沙皇的权力和威严。"(参看《马克思恩格斯全集》中文第1版第18卷第495—496页)

　　召开由全体公民代表组成的国民代表会议来制定宪法,是俄国社会民主党的纲领性要求之一。——132。

**51**　指亚·伊·赫尔岑。——133。

**52**　《社会政治中央导报》(«Sozialpolitisches Centralblatt»)是德国社会民主党右翼的刊物,1892—1895年由亨·布劳恩在柏林出版。该刊主张通过立法途径来改革社会。1895 年 3 月,该刊出让给了资产阶级改良主义者。——140。

**53**　指俄国侨外革命家中以尼·伊·吴亭等人为首的民粹派社会主义者团体的活动。该团体在日内瓦出版了《人民事业》杂志(后改为报纸)。1870年初又在那里成立了国际工人协会(第一国际)俄国支部,当年 3 月 22 日为国际总委员会所接受。马克思应俄国支部的请求担任俄国支部驻国际总委员会代表。俄国支部的成员支持马克思反对无政府主义者的斗争,宣传第一国际的革命思想,力图加强俄国革命运动和西欧革命运动的联系,参加瑞士和法国的工人运动。但他们还有民粹主义空想,特别是把村社理想化,称它是"俄国人民的伟大成就"。俄国支部未能和俄国国内的革命运动建立起密切的联系,1872 年停止活动。——146。

**54**　《社会民主党人》(«Социал-Демократ»)是俄国文学政治评论集,由劳动解放社于 1890——1892 年在伦敦和日内瓦用俄文出版,总共出了 4集。第 1、2、3 集于 1890 年出版,第 4 集于 1892 年出版。参加《社会民主党人》评论集工作的有格·瓦·普列汉诺夫、帕·波·阿克雪里罗得和维·伊·查苏利奇等。这个评论集对于马克思主义在俄国的传播起了很大作用。

　　列宁引用普列汉诺夫的《尼·加·车尔尼雪夫斯基》一文中的那段话,见评论集第 1 集第 138——139 页。——149。

**55**　割地是指俄国 1861 年改革中农民失去的土地。按照改革的法令,如果地主农民占有的份地超过当地规定的最高标准,或者在保留现有农民份地的情况下地主占有的土地少于该田庄全部可耕地的 $\frac{1}{3}$(草原地区为 $\frac{1}{2}$),就从 1861 年 2 月 19 日以前地主农民享有的份地中割去多出的部分。份地也可以通过农民与地主间的特别协议而缩减。割地通常是最肥沃和收益最大的地块,或农民最不可缺少的地段(割草场、牧场等),这就迫使农民在受盘剥的条件下向地主租用割地。改革时,对皇族农民和国家农民也实行了割地,但割去的部分要小得多。要求归还割地是农民斗争的口号之一,1903 年俄国社会民主工党第二次代表大会曾把它列入党纲。1905 年俄国社会民主工党第三次代表大会提出了没收全部地主土地,以代替这一要求。——157。

**56**　犹杜什卡是对犹大的蔑称,是俄国作家米·叶·萨尔蒂科夫-谢德林的长篇小说《戈洛夫廖夫老爷们》中的主要人物波尔菲里·弗拉基米罗维奇·戈洛夫廖夫的绰号。谢德林笔下的犹杜什卡是贪婪、无耻、伪善、阴险、残暴等各种丑恶品质的象征。——158。

**57**　阿拉克切耶夫式的贪欲意思是极端的专横和残暴。阿·安·阿拉克切耶夫是俄国沙皇保罗一世和亚历山大一世的权臣,推行反动的警察制度,用极端残暴的手段对付被压迫人民的革命运动和任何要求自由的表现。——158。

**58**　指民权党。
　　　民权党是俄国民主主义知识分子的秘密团体,1893年夏成立。参加创建的有前民意党人奥·瓦·阿普特克曼、安·伊·波格丹诺维奇、亚·瓦·格杰奥诺夫斯基、马·安·纳坦松、尼·谢·丘特切夫等。民权党的宗旨是联合一切反对沙皇制度的力量为实现政治改革而斗争。该党发表过两个纲领性文件:《宣言》和《迫切的问题》。1894年春,民权党的组织被沙皇政府破坏。大多数民权党人后来加入了社会革命党。——159。

**59**　把狗鱼投到河里出自俄国作家伊·安·克雷洛夫的寓言《狗鱼》。狗鱼因危害鱼类而受到审判。糊涂法官听从了和狗鱼狼狈为奸的检察官狐狸的建议,判决把狗鱼投到河里淹死。——162。

**60**　出自俄国作家伊·安·克雷洛夫的寓言《猫和厨子》。厨子看见猫儿瓦西卡在偷鸡吃,便唠唠叨叨地开导它,责骂它,而瓦西卡却边听边吃,全不理会,直到整只鸡被吃完。——179。

**61**　马尼洛夫精神意为耽于幻想,无所作为。马尼洛夫是俄国作家尼·瓦·果戈理的小说《死魂灵》中的一个地主,他生性怠惰,终日想入非非,崇尚空谈,刻意地讲究虚伪客套。——190。

**62**　出典于希腊神话。强盗普罗克拉斯提斯把所有落到他手里的过路客强按在一张特制的床上,身材比床长的就剁去腿脚,比床短的就抻拉身躯。——194。

# 人 名 索 引

## A

安年斯基,尼古拉·费多罗维奇(Анненский, Николай Федорович 1843—
1912)——俄国政论家,经济学家和统计学家。19 世纪 80—90 年代领导喀
山和下诺夫哥罗德省地方自治局的统计工作,1896—1900 年任彼得堡市政
管理委员会统计处处长,主持编辑了许多统计著作。曾为《事业》和《祖国
纪事》等杂志撰稿,担任过《俄国财富》杂志编委。90 年代是自由主义民粹
派代表人物。1903—1905 年是资产阶级自由派组织"解放社"的领导人之
一。1906 年参与组织人民社会党,是该党领导人之一。——76—77、117。

奥尔洛夫,瓦西里·伊万诺维奇(Орлов, Василий Иванович 1848—1885)——
俄国统计学家,经济学家,地方自治局统计工作开创者之一。1875 年起任
莫斯科省地方自治局统计处处长,进行了一系列重要的统计考察。还指导
过坦波夫、库尔斯克、奥廖尔、沃罗涅日和萨马拉等省的统计工作。是最早
采用按详尽的提纲进行普遍的按户考察方法的人之一。编辑了《莫斯科省
统计资料汇编》相当大部分的内容。——111—112。

## B

巴拉诺夫,尼古拉·米哈伊洛维奇(Баранов, Николай Михайлович 1836—
1901)——俄国下诺夫哥罗德省省长(1882—1897)。1891—1892 年饥荒
时期横行霸道,因此其名字成为地方暴吏的通称。——130。

俾斯麦,奥托·爱德华·莱奥波德(Bismarck, Otto Eduard Leopold 1815—
1898)——普鲁士和德国国务活动家和外交家。普鲁士容克的代表。曾任
驻彼得堡大使(1859—1862)和驻巴黎大使(1862),普鲁士首相(1862—

1872、1873—1890),北德意志联邦首相(1867—1871)和德意志帝国首相(1871—1890)。1870 年发动普法战争,1871 年支持法国资产阶级镇压巴黎公社。主张在普鲁士领导下"自上而下"统一德国。曾采取一系列内政措施,捍卫容克和大资产阶级的联盟。1878 年颁布反社会党人非常法。由于内外政策遭受挫折,于 1890 年 3 月去职。——126。

波别多诺斯采夫,康斯坦丁·彼得罗维奇(Победоносцев, Константин Петро-вич 1827—1907)——俄国国务活动家。1860—1865 年任莫斯科大学法学教授。1868 年起为参议员,1872 年起为国务会议成员,1880—1905 年任俄国正教会最高管理机构——正教院总监。给亚历山大三世和尼古拉二世讲授过法律知识。一贯敌视革命运动,反对资产阶级改革,维护极权专制制度,排斥西欧文化,是 1881 年 4 月 29 日巩固专制制度宣言的起草人。80年代末势力减弱,沙皇 1905 年 10 月 17 日宣言颁布后引退。——141。

布勒宁,维克多·彼得罗维奇(Буренин, Виктор Петрович 1841—1926)——俄国政论家,诗人。1876 年加入反动的《新时报》编辑部,成为新时报派无耻文人的首领。对一切进步社会思潮的代表人物肆意诽谤,造谣诬蔑。——26、28、54、58、139。

布洛斯,威廉(Blos, Wilhelm 1849—1927)——德国历史学家和政论家。1872年加入德国社会民主党,1872—1874 年为《人民国家报》编辑之一。1877—1878 年、1881—1887 年和 1890—1907 年为帝国国会议员,属于社会民主党国会党团的右翼。90 年代为《前进报》编辑。第一次世界大战期间为社会沙文主义者。1918 年十一月革命后为符腾堡政府领导人。著有《1789—1804 年的法国革命》和《德国 1848 年革命史》。——16。

## C

车尔尼雪夫斯基,尼古拉·加甫里洛维奇(Чернышевский, Николай Гаври-лович 1828—1889)——俄国革命民主主义者和空想社会主义者,作家,文学评论家,经济学家,哲学家;俄国社会民主主义先驱之一,俄国 19 世纪 60年代革命运动的领袖。1853 年开始为《祖国纪事》和《同时代人》等杂志撰稿,1856—1862 年是《同时代人》杂志的领导人之一,发扬别林斯基的民主主义批判传统,宣传农民革命思想,是土地和自由社的思想鼓舞者。因揭露 1861 年农民改革的骗局,号召人民起义,于 1862 年被沙皇政府逮捕,入狱两年,后被送到西伯利亚服苦役。1883 年解除流放,1889 年被允许回家乡居住。著述很多,涉及哲学、经济学、教育学、美学、伦理学等领域。在哲学上批判了贝克莱、康德、黑格尔等人的唯心主义观点,力图以唯物主义精神改造黑格尔的辩证法。对资本主义作了深刻的批判,认为社会主义是由整个人类发展进程所决定的,但作为空想社会主义者,又认为俄国有可能通过农民村社过渡到社会主义。所著长篇小说《怎么办?》(1863)和《序幕》(约 1867—1869)表达了社会主义理想,产生了巨大的革命影响。——131、133、139、140、148—150。

## D

达尔文,查理·罗伯特(Darwin, Charles Robert 1809—1882)——英国博物学家,进化论的奠基人。1859 年出版《物种起源》一书,提出以自然选择为基础的生物进化学说,认为变异性和遗传性是有机体所特有的,那些在生存斗争中对动植物有利的变异积累起来和遗传下去,就会引起新的动植物形态的出现。随后又发表《动物和植物在家养下的变异》(1868)、《人类起源和性的选择》(1871)等著作,进一步充实了进化学说。恩格斯把达尔文学说同能量守恒和转换定律、细胞学说并列为 19 世纪自然科学三大发现。——4、12。

丹尼尔逊,尼古拉·弗兰策维奇(尼古·—逊;尼古拉·—逊)(Даниельсон,Николай Францевич(Ник. —он,Николай —он)1844—1918)——俄国经济学家,政论家,自由主义民粹派理论家。他的政治活动反映了民粹派从对沙皇制度进行革命斗争转向与之妥协的演变。19 世纪 60—70 年代与革命的青年平民知识分子小组有联系。接替格·亚·洛帕廷译完了马克思的《资本论》第 1 卷(1872 年初版),以后又译出第 2 卷(1885)和第 3 卷(1896)。在翻译该书期间同马克思和恩格斯有过书信往来。但不了解马克思主义的实质,认为马克思主义理论不适用于俄国,资本主义在俄国没有发展前途;主张保存村社土地所有制,维护小农经济和手工业经济。1893 年出版了《我国改革后的社会经济概况》一书,论证了自由主义民粹派的经济观点。列宁尖锐地批判了他的经济思想。——82、106、139、142、176—179、180—184、186—187、190—193。

杜林,欧根·卡尔(Dühring, Eugen Karl 1833—1921)——德国哲学家和经济
学家。毕业于柏林大学,当过见习法官,1863—1877年为柏林大学非公聘
讲师。70年代起以"社会主义改革家"自居,反对马克思主义,企图创立新
的理论体系。在哲学上把唯心主义、庸俗唯物主义和实证论混合在一起;
在政治经济学方面反对马克思的劳动价值学说和剩余价值学说;在社会主
义理论方面以资产阶级改良主义精神阐述自己的社会主义体系,反对科学
社会主义。他的思想得到部分德国社会民主党人的支持。恩格斯在《反杜
林论》一书中系统地批判了他的观点。主要著作有《国民经济学和社会主
义批判史》(1871)、《国民经济学和社会经济学教程》(1873)、《哲学教程》
(1875)等。——34、35、36、39—45、50、54。

## E

恩格尔哈特,亚历山大·尼古拉耶维奇(Энгельгардт, Александр Николаевич
1832—1893)——俄国政论家,农业化学家,民粹主义者。1859—1860年
编辑《化学杂志》。1866—1870年任彼得堡农学院教授,因宣传民主思想
被捕。1871年被解送回斯摩棱斯克省的巴季舍沃田庄,在那里建立了合理
经营的实验农场。列宁在《俄国资本主义的发展》一书(第3章第6节)中
评论了他的农场,并以此为例说明民粹派的理论纯系空想。所写《农村来
信》先发表于《祖国纪事》杂志,1882年出了单行本。还写过其他一些有关
农业问题的著作。——148。

恩格斯,弗里德里希(Engels, Friedrich 1820—1895)——科学共产主义创始人
之一,世界无产阶级的领袖和导师,马克思的亲密战友。——16—19、20—
21、27、31、34—36、39—44、49、50、52、53、185。

## G

格莱斯顿,威廉·尤尔特(Gladstone, William Ewart 1809—1898)——英国国
务活动家,自由党领袖。1843—1845年任商业大臣,1845—1847年任殖民
大臣,1852—1855年和1859—1866年任财政大臣,1868—1874年、1880—
1885年、1886年和1892—1894年任内阁首相。用政治上的蛊惑宣传和表
面上的改革来笼络居民中的小资产阶级阶层和工人阶级上层分子。推行
殖民扩张政策。对爱尔兰的民族解放运动采取暴力镇压政策,同时也作一

些细微的让步。——126。

格里戈里耶夫,瓦西里·尼古拉耶维奇(Григорьев, Василий Николаевич 1852—1925)——俄国统计学家,经济学家,民粹派政论家。因进行革命宣传多次被流放。1886—1917年在莫斯科市政管理委员会统计处工作。著有《巴甫洛沃区制锁制刀手工业》(1881)、《梁赞省农民的迁移》(1885)和《从19世纪60年代到1917年地方自治机关统计著作资料主题索引》(1926—1927)等。——117。

古尔维奇,伊萨克·阿道福维奇(Гурвич, Исаак Адольфович 1860—1924)——俄国经济学家。早年参加民粹派活动,1881年流放西伯利亚。在流放地考察了农民的迁移,1888年出版了根据考察结果写出的《农民向西伯利亚的迁移》一书。从流放地归来后,在工人中进行革命宣传,参加组织明斯克的第一个犹太工人小组。1889年移居美国,积极参加美国工会运动和民主运动。20世纪初成为修正主义者。所著《农民向西伯利亚的迁移》、《俄国农村的经济状况》(1892)和《移民与劳动》(1912)等书,得到列宁的好评。——94—95、123。

## H

哈里佐勉诺夫,谢尔盖·安德列耶维奇(Харизоменов, Сергей Андреевич 1854—1917)——俄国地方自治局统计人员,经济学家。1876年起是民粹派组织"土地和自由社"的成员,该组织分裂后,加入土地平分社。80年代初脱离革命活动,从事地方自治局的统计工作。考察了弗拉基米尔省的手工业,在塔夫利达省进行了按户调查,领导了萨拉托夫、图拉和特维尔三省地方自治局的统计调查工作,在《俄国思想》杂志和《法学通报》杂志上发表过一些经济学问题的文章。主要著作有《弗拉基米尔省手工业》(1882)、《手工业的意义》(1883)。——75—76。

赫尔岑,亚历山大·伊万诺维奇(Герцен, Александр Иванович 1812—1870)——俄国革命民主主义者,作家和哲学家。在十二月党人的影响下走上革命道路。1829—1833年在莫斯科大学求学期间领导革命小组。1834年被捕,度过六年流放生活。1842年起是莫斯科西欧主义者左翼的领袖,写有《科学中华而不实的作风》(1842—1843)、《自然研究通信》

(1844—1845)等哲学著作和一些抨击农奴制度的小说。1847 年流亡国外。欧洲 1848 年革命失败后,对欧洲革命失望,创立"俄国社会主义"理论,成为民粹主义创始人之一。1853 年在伦敦建立自由俄国印刷所,印发革命传单和小册子,1855 年开始出版《北极星》文集,1857—1867 年与尼·普·奥格辽夫出版《钟声》杂志,揭露沙皇专制制度,进行革命宣传。在 1861 年农民改革的准备阶段曾一度摇摆。1861 年起坚定地站到革命民主主义方面,协助建立土地和自由社。晚年关注第一国际的活动。列宁在《纪念赫尔岑》(1912)一文中评价了他在俄国解放运动史上的作用。——131、133、140。

黑格尔,乔治·威廉·弗里德里希( Hegel, Georg Wilhelm Friedrich 1770 — 1831)——德国哲学家,客观唯心主义者,德国古典哲学的主要代表。1801—1807 年任耶拿大学哲学讲师和教授。1808—1816 年任纽伦堡中学校长。1816—1817 年任海德堡大学哲学教授。1818 年起任柏林大学哲学教授。黑格尔哲学是 18 世纪末至 19 世纪初德国唯心主义哲学的最高发展。他根据唯心主义的思维与存在同一的基本原则,建立了客观唯心主义的哲学体系,并创立了唯心主义辩证法的理论。认为在自然界和人类出现以前存在着绝对精神,客观世界是绝对精神、绝对观念的产物;绝对精神在其发展中经历了逻辑阶段、自然阶段和精神阶段,最终回复到了它自身;整个自然的、历史的和精神的世界都处于不断的运动、变化和发展中,矛盾是运动、变化的核心。黑格尔哲学的特点是辩证方法同形而上学体系之间的深刻矛盾。他的唯心主义辩证法是马克思主义哲学的理论来源之一。在社会政治观点上是保守的,是立宪君主制的维护者。主要著作有《精神现象学》(1807)、《逻辑学》(1812—1816)、《哲学全书》(1817)、《法哲学原理》(1821)、《哲学史讲演录》(1833—1836)、《历史哲学讲演录》(1837)、《美学讲演录》(1836—1838)等。——8、33、34—36、38、39、40—45。

# J

季别尔,尼古拉·伊万诺维奇( Зибер, Николай Иванович 1844—1888)——俄国经济学家,政论家。1873 年任基辅大学政治经济学和统计学教授,1875 年辞职,不久去国外。1876—1878 年为《知识》杂志和《言论》杂志撰稿,发表了题为《马克思的经济理论》的一组文章(阐述《资本论》第 1 卷的内容）。1881 年在伦敦结识马克思和恩格斯。1885 年出版了主要著作《大卫·李嘉图和卡尔·马克思的社会经济研究》。是马克思经济学说在俄国最早的传播者。——85。

加尔瓦尼,路易吉（Galwani,Luigi 1737—1798）——意大利解剖学家和生理学家,电学创始人之一,电生理学的奠基人,从 18 世纪 70 年代起,通过制成标本的青蛙肌肉进行动物电的实验。他关于不同质的金属同时接触青蛙肌肉能使它发生收缩的发现,促成了电池的发明。他在 1794 年的实验中发现,一只青蛙的肌肉与另一只青蛙的神经直接连接时也发生收缩,从而确证了生物体组织中生物电流的存在。主要著作是《论肌肉运动中的电力》（1791）。——33。

杰缅季耶夫,叶夫斯塔菲·米哈伊洛维奇（Дементьев, Евстафий Михайлович 1850—1918）——俄国医生和社会活动家,俄国最早研究劳动统计和卫生保健统计的学者之一。受莫斯科省地方自治局的委托,对莫斯科省一些工厂 1879—1885 年的卫生状况进行了调查,详尽地记述了工人恶劣的劳动生活条件。在 1893 年出版的《工厂,它给予居民什么和从居民那里取得什么》一书中,批驳了民粹派关于俄国不存在工厂工人阶级的荒谬论断,证明大机器工业必然使工人离开土地。——79。

局外人——见米海洛夫斯基,尼古拉·康斯坦丁诺维奇。

## K

卡布鲁柯夫,尼古拉·阿列克谢耶维奇（Каблуков, Николай Алексеевич 1849—1919）——俄国经济学家和统计学家,民粹主义者。1874—1879 年在莫斯科省地方自治局统计处工作,1885—1907 年任统计处处长。1894—1919 年在莫斯科大学教书,1903 年起为教授。在著述中宣扬小农经济稳固,把村社理想化,认为它是防止农民分化的一种形式,反对马克思主义的阶级斗争学说。1917 年在临时政府最高土地委员会工作。十月革命后在中央统计局工作。主要著作有《农业工人问题》（1884）、《农业经济学讲义》（1897）、《论俄国农民经济发展的条件》（1899）、《政治经济学》（1918）等。——111。

卡雷舍夫，尼古拉·亚历山德罗维奇（Карышев，Николай Александрович 1855—1905）——俄国经济学家和统计学家，地方自治运动活动家。1891年起先后在尤里耶夫（塔尔图）大学和莫斯科农学院任教授。写有许多经济学和统计学方面的著作，其中收集了大量统计资料。1892年发表的博士论文《农民的非份地租地》编为《根据地方自治局的统计资料所作的俄国经济调查总结》第2卷。曾为《俄罗斯新闻》、《俄国财富》杂志等撰稿。主要研究俄国农民经济问题，赞同自由主义民粹派的观点，维护村社土地占有制、手工业劳动组合以及其他合作社。——105—106、120—122。

卡列耶夫，尼古拉·伊万诺维奇（Кареев，Николай Иванович 1850—1931）——俄国历史学家。1879年起先后任华沙大学和彼得堡大学教授。在方法论上是典型的唯心主义折中主义者，在政治上属于改革后一代的自由派，主张立宪，拥护社会改革。70年代写的《18世纪最后25年法国农民和农民问题》（1879）得到马克思的好评。90年代起反对马克思主义，把它等同于"经济唯物主义"。1905年加入立宪民主党，当选为第一届国家杜马代表。其他主要著作有《法国农民史纲要》（1881）、《历史哲学基本问题》（三卷本，1883—1890）、《西欧近代史》教程（七卷本，1892—1917）、《法国革命史学家》（三卷本，1924—1925）。1910年当选为彼得堡科学院通讯院士，1929年起为苏联科学院名誉院士。——13。

考茨基，卡尔（Kautsky，Karl 1854—1938）——德国社会民主党和第二国际的领袖和主要理论家之一。1875年加入奥地利社会民主党，1877年加入德国社会民主党。1881年与马克思和恩格斯相识后，在他们的影响下逐渐转向马克思主义。从19世纪80年代到20世纪初写过一些宣传和解释马克思主义的著作：《卡尔·马克思的经济学说》（1887）、《土地问题》（1899）等。但在这个时期已表现出向机会主义方面摇摆，在批判伯恩施坦时作了很多让步。1883—1917年任德国社会民主党理论刊物《新时代》杂志主编。曾参与起草1891年德国社会民主党纲领（爱尔福特纲领）。1910年以后逐渐转到机会主义立场，成为中派领袖。第一次世界大战前夕提出超帝国主义论，大战期间打着中派旗号支持帝国主义战争。1917年参与建立德国独立社会民主党，1922年拥护该党右翼与德国社会民主党合并。1918年后发表《无产阶级专政》等书，攻击俄国十月革命，反对无产阶级专政。——4、27、131、188。

柯罗连科,谢尔盖·亚历山德罗维奇(Короленко,Сергей Александрович)——
俄国统计学家,经济学家。曾在国家产业部工作,后为国家监察长所属专
员。1889—1892 年受国家产业部的委托,撰著《从欧俄工农业统计经济概
述看地主农场中的自由雇佣劳动和工人的流动》一书。20 世纪初曾为黑帮
报纸《新时报》撰稿。——183—184。

科西奇,安德列·伊万诺维奇(Косич,Андрей Иванович 生于 1833 年)——
俄国萨拉托夫省省长(1887—1891)。——130。

克里文柯,谢尔盖·尼古拉耶维奇(Кривенко,Сергей Николаевич 1847—
1906)——俄国政论家,自由主义民粹派代表人物。1873—1883 年为《祖
国纪事》杂志撰稿,写了列宁称为旧民粹主义信条录的《人民园地上的新
苗》一文。1879 年起与民意党人接近,为非法出版物撰稿,主张进行恐怖活
动和政治斗争。1884 年被捕并流放,1890 年从流放地归来后加入自由主
义民粹派右翼。1891—1895 年和 1896—1897 年先后任自由主义民粹派
《俄国财富》杂志和《新言论》杂志编辑。写有《论文化孤士》(1893)、《途中
来信》(1894)、《关于人民工业的需要问题》(1894)等,鼓吹同沙皇专制制
度和解,掩盖阶级对立和劳动者受剥削的事实,否认俄国资本主义的发展
道路。——3、72、74—148、176、181、186。

## L

李卜克内西,威廉(Liebknecht,Wilhelm 1826—1900)——德国工人运动和国
际工人运动活动家,德国社会民主党的创建人和领袖之一,马克思和恩格
斯的朋友和战友。积极参加德国 1848 年革命,革命失败后流亡国外,在国
外结识马克思和恩格斯,接受了科学共产主义思想。1850 年加入共产主义
者同盟。1862 年回国。第一国际成立后,成为国际的革命思想的热心宣传
者和国际的德国支部的组织者之一。1868 年起任《民主周报》编辑。1869
年与倍倍尔共同创建了德国社会民主工党(爱森纳赫派),任党的中央机关
报《人民国家报》编辑。1875 年积极促成爱森纳赫派和拉萨尔派的合并。
在反社会党人非常法施行期间与倍倍尔一起领导党的地下工作和斗争。
1890 年起任党的中央机关报《前进报》主编,直至逝世。1867—1870 年为
北德意志联邦国会议员,1874 年起多次被选为德意志帝国国会议员,利用
议会讲坛揭露普鲁士容克反动的内外政策。因革命活动屡遭监禁。是第

二国际的组织者之一。——165。

卢格,阿尔诺德(Ruge,Arnold 1802—1880)——德国政论家,青年黑格尔派,
　　资产阶级激进派。1843—1844年同马克思一起在巴黎筹办和出版《德法
　　年鉴》杂志,不久与马克思分道扬镳。1866年后成为民族自由党人,写
　　文章支持俾斯麦所奉行的在普鲁士领导下"自上而下"统一德国的政策。
　　——32。

卢梭,让·雅克(Rousseau,Jean-Jacques 1712—1778)——法国启蒙思想家,哲
　　学家,教育学家,文学家。对18世纪法国资产阶级革命的思想准备起了重
　　要作用。他的著作反映了小资产阶级的意识形态。认为私有制是人民大
　　众遭受社会压迫的根源,但又不主张彻底消灭私有制,而提出一种空想的
　　平均主义的私有财产分配理论。在哲学上的主要倾向是唯心主义,但也提
　　出一些唯物主义论点。他的《论人间不平等的起源和原因》(1755)一书认
　　为不平等的产生既是进步,又是退步,被恩格斯列为"辩证法的杰作",这本
　　书也包含着经济在社会发展中起决定性作用的猜测。其他主要著作有《论
　　科学与艺术》(1750)、《尤丽,或新爱洛绮斯》(1761)、《社会契约论》
　　(1762)、《爱弥儿,或论教育》(1762)等。——44。

## M

马克思,卡尔(Marx,Karl 1818—1883)——科学共产主义的创始人,世界无产
　　阶级的领袖和导师。——3—9、11—14、15—22、27—29、31—34、36—46、
　　48—50、52—58、60、63—65、78、79、85、104、133—134、160—161、176、178、
　　184—185、186—189、191—192、195—196。

迈尔,西格蒙德(Mayer,Sigmund)——维也纳的企业家,《维也纳的社会问题》
　　(1871)一书的作者。——31。

米海洛夫斯基,尼古拉·康斯坦丁诺维奇(局外人)(Михайловский,Николай
　　Константинович(Посторонний)1842—1904)——俄国自由主义民粹派
　　理论家,政论家,文艺批评家,实证论哲学家,社会学主观学派代表人物。
　　1860年开始写作活动。1868年起为《祖国纪事》杂志撰稿,后任编辑。
　　1879年与民意党接近。1882年以后写了一系列谈"英雄"与"群氓"问题的

文章,建立了完整的"英雄"与"群氓"的理论体系。1884 年《祖国纪事》杂志被查封后,给《北方通报》、《俄国思想》、《俄罗斯新闻》等报刊撰稿。1892 年起任《俄国财富》杂志编辑,在该杂志上与俄国马克思主义者进行激烈论战。——3—71、72、74—75、108、125、128、131—134、135、137、138、179、187、195、196。

摩尔根,路易斯·亨利(Morgan,Lewis Henry 1818—1881)——美国民族学家,原始社会史学家;职业为律师。1875 年当选为国家科学院院士。1880 年担任美国科学促进会主席。通过对美国印第安人以及世界其他一些地区土著居民的社会制度和生活习俗的长期研究,根据丰富的实际材料,论证了作为原始公社制度基本形式的氏族的发展学说,发现了人类早期的社会组织原则及其发展规律,为科学地理解原始社会的历史奠定了基础。马克思和恩格斯对摩尔根的巨大贡献给予很高的评价。主要著作是《古代社会》(1877)。——18、21、53。

## N

拿破仑第一(**波拿巴**)(Napoléon I(Bonaparte)1769—1821)——法国皇帝,资产阶级军事家和政治家。法国资产阶级革命时期参加革命军。1799 年发动雾月政变,自任第一执政,实行军事独裁统治。1804 年称帝,建立法兰西第一帝国,颁布《拿破仑法典》,巩固资本主义制度。多次粉碎反法同盟,沉重打击了欧洲封建反动势力。但对外战争逐渐变为同英俄争霸和掠夺、奴役别国的侵略战争。1814 年欧洲反法联军攻陷巴黎后,被流放厄尔巴岛。1815 年重返巴黎,再登皇位。滑铁卢之役战败后,被流放大西洋圣赫勒拿岛。——38。

尼古·—逊;尼古拉·—逊——见丹尼尔逊,尼古拉·弗兰策维奇。

## P

蒲鲁东,皮埃尔·约瑟夫(Proudhon,Pierre-Joseph 1809—1865)——法国政论家,经济学家,社会学家,小资产阶级思想家,无政府主义理论的创始人之一。1840 年出版《什么是财产?》一书,从小资产阶级立场出发批判大资本主义所有制,幻想使小私有制永世长存。主张由专门的人民银行发放无息贷款,帮助工人购置生产资料,使他们成为手工业者,再由专门的交换银行保证劳动者"公平地"销售自己的劳动产品，而同时又不触动生产工具和生产资料的资本主义所有制。认为国家是阶级矛盾的主要根源，提出和平"消灭国家"的空想主义方案，对政治斗争持否定态度。1846 年出版《经济矛盾的体系，或贫困的哲学》，阐述其小资产阶级的哲学和经济学观点。马克思在《哲学的贫困》一书中对该书作了彻底的批判。1848 年革命时期被选入制宪议会后，攻击工人阶级的革命发动，赞成 1851 年 12 月 2 日的波拿巴政变。——13。

普列汉诺夫，格奥尔吉·瓦连廷诺维奇（Плеханов, Георгий Валентинович 1856—1918）——俄国早期的马克思主义理论家，后来成为孟什维克和第二国际机会主义领袖之一。19 世纪 70 年代参加民粹主义运动，是土地和自由社成员及土地平分社领导人之一。1880 年侨居瑞士，逐步同民粹主义决裂。1883 年在日内瓦创建俄国第一个马克思主义团体——劳动解放社。翻译和介绍了马克思和恩格斯的许多著作，对马克思主义在俄国的传播起了重要作用；写过不少优秀的马克思主义著作，批判民粹主义、合法马克思主义、经济主义、伯恩施坦主义、马赫主义。20 世纪初是《火星报》和《曙光》杂志编辑部成员。曾参与制定俄国社会民主工党纲领草案和参加党的第二次代表大会的筹备工作。在代表大会上是劳动解放社的代表，属火星派多数派，参加了大会常务委员会，会后逐渐转向孟什维克。1905—1907 年革命时期反对列宁的民主革命的策略，后来在孟什维克和布尔什维克之间摇摆。在俄国社会民主工党第四次（统一）代表大会上作了关于土地问题的报告，维护马斯洛夫的孟什维克方案；在国家杜马问题上坚持极右立场，呼吁支持立宪民主党人的杜马。斯托雷平反动时期和新的革命高涨年代反对取消主义，领导孟什维克护党派。第一次世界大战期间持社会沙文主义立场。1917 年二月革命后支持资产阶级临时政府。对十月革命持否定态度，但拒绝支持反革命。最重要的理论著作有《社会主义与政治斗争》（1883）、《我们的意见分歧》（1885）、《论一元论历史观之发展》（1895）、《唯物主义史论丛》（1896）、《论个人在历史上的作用》（1898）、《没有地址的信》（1899—1900），等等。——52、64—66、88、141、149、158。

## R

茹柯夫斯基，尤利·加拉克季昂诺维奇（Жуковский, Юлий Галактионович

1833—1907)——俄国经济学家和政论家,社会思想史学家。曾任俄国国家银行行长、参议员。1860 年起先后为《同时代人》杂志和《欧洲通报》杂志撰稿人,并且是 1869 年创刊的《宇宙》杂志编辑之一。1877 年在《欧洲通报》杂志第 9 期上发表《卡尔·马克思和他的〈资本论〉一书》一文,攻击马克思主义,在俄国引起了一场激烈论战。他的经济学著作是各家经济理论的折中杂凑。——5、40—41、45。

# S

萨尔蒂科夫-谢德林,米哈伊尔·叶夫格拉福维奇(**萨尔蒂科夫,米·叶·**;谢德林)(Салтыков-Щедрин,Михаил Евграфович(Салтыков,М.Е.,Щедрин)1826—1889)——俄国讽刺作家,革命民主主义者。1848 年因发表抨击沙皇制度的小说被捕,流放七年。1856 年初返回彼得堡,用笔名"尼·谢德林"发表了《外省散记》。1863—1864 年为《同时代人》杂志撰写政论文章,1868 年起任《祖国纪事》杂志编辑,1878 年起任主编。60—80 年代创作了《一个城市的历史》、《戈洛夫廖夫老爷们》等长篇小说,批判了俄国的专制农奴制,刻画了地主、沙皇官僚和自由派的丑恶形象。——128。

舍尔比纳,费多尔·安德列耶维奇(Щербина,Федор Андреевич 1849—1936)——俄国统计学家,民粹主义者,俄国家庭收支统计学创始人。1884—1903 年主持沃罗涅日地方自治局统计处的工作。1904 年被选为彼得堡科学院通讯院士。1907 年是第二届国家杜马人民社会党的代表。十月革命后移居国外。主编过近百种统计著作,其中有《奥斯特罗戈日斯克县的农民经济》(1887)、《沃罗涅日地方自治机关。1865—1889 年。历史统计概述》(1891)《沃罗涅日省 12 个县综合汇集》(1897)《农民的收支及其对收成和粮价的依赖关系》(1897)、《农民的收支》(1900)。——88—89、91—94、97。

司徒卢威,彼得·伯恩哈多维奇(Струве,Петр Бернгардович 1870—1944)——俄国经济学家,哲学家,政论家,合法马克思主义主要代表人物,立宪民主党领袖之一。19 世纪 90 年代编辑合法马克思主义者的《新言论》杂志和《开端》杂志。1896 年参加第二国际第四次代表大会。1898 年参加起草《俄国社会民主工党宣言》。在 1894 年发表的第一部著作《俄国经济发展问题的评述》中,在批判民粹主义的同时,对马克思的经济学说和哲学学说提出"补充"和"批评"。20 世纪初同马克思主义和社会民主主义彻底决裂,转到自由派营垒。1902 年起编辑自由派资产阶级刊物《解放》杂志,1903 年起是解放社的领袖之一。1905 年起是立宪民主党中央委员,领导该党右翼。1907 年当选为第二届国家杜马代表。第一次世界大战爆发后鼓吹俄国的帝国主义侵略扩张政策。十月革命后敌视苏维埃政权,是邓尼金和弗兰格尔反革命政府成员,后逃往国外。—— 139 — 142、176 — 177、180—181、190—193。

斯宾塞,赫伯特(Spencer, Herbert 1820 — 1903)——英国哲学家,社会学家。实证论的代表,社会有机体论的创始人,社会达尔文主义者。认为社会和国家如同生物一样是由简单到复杂的不断发展进化的有机体,社会的阶级构成以及各种行政机构的设置犹如执行不同功能的各种生物器官,适者生存的规律也适用于社会。主要著作为《综合哲学体系》(1862 — 1896)。——7。

斯克沃尔佐夫,亚历山大·伊万诺维奇(Скворцов, Александр Иванович 1848—1914)——俄国经济学家,农学家,新亚历山大农业和林业学院教授。主要著作有《蒸汽机运输对农业的影响》(1890)、《经济评述》(1894)、《政治经济学原理》(1898)等。——69。

斯洛尼姆斯基,路德维希·季诺维耶维奇(Слонимский, Людвиг Зиновьевич 1850—1918)——俄国经济学家和政论家。19 世纪 70 — 90 年代为《欧洲通报》杂志和俄国其他报刊撰稿。曾同自由主义民粹派论战,在论战中从自由派资产阶级立场出发维护小农经济,不了解农民分化的过程。用庸俗经济学的观点批判马克思的经济学体系,所写文章编成《卡尔·马克思的经济学说》(1898)一书。——191。

## W

瓦·沃·——见沃龙佐夫,瓦西里·巴甫洛维奇。

瓦西里契柯夫,亚历山大·伊拉里昂诺维奇(Васильчиков, Александр Илларионович 1818—1881)——俄国经济学家和地方自治运动活动家,贵族地主。1872 年起任由他倡议建立的彼得堡信贷储金会委员会主席。发表过不少有关土地问题、地方自治和信贷方面的著作。在《俄国和欧洲其他国家的土地占有制和农业》(1876)、《俄国农村风俗和农业》(1881)等著作中,主张在俄国保存村社,认为村社是消除阶级斗争的手段。列宁称他为民粹主义的地主。——106。

维特,谢尔盖·尤利耶维奇(Витте, Сергей Юльевич 1849—1915)——俄国国务活动家。1892 年 2—8 月任交通大臣,1892—1903 年任财政大臣,1903 年 8 月起任大臣委员会主席,1905 年 10 月—1906 年 4 月任大臣会议主席。在财政、关税政策、铁路建设、工厂立法和鼓励外国投资等方面采取了一系列措施,促进了俄国资本主义的发展。同时力图通过对自由派资产阶级稍作让步和对人民群众进行镇压的手段来维护沙皇专制制度。1905—1907 革命期间派军队对西伯利亚、波罗的海沿岸地区、波兰以及莫斯科的武装起义进行了镇压。——143。

沃龙佐夫,瓦西里·巴甫洛维奇(瓦·沃·)(Воронцов, Василий Павлович (В. В.) 1847—1918)——俄国经济学家,社会学家,政论家,自由主义民粹派思想家。曾为《俄国财富》、《欧洲通报》等杂志撰稿。认为俄国没有发展资本主义的条件,俄国工业的形成是政府保护政策的结果;把农民村社理想化,力图找到一种维护小资产者不受资本主义发展之害的手段。19 世纪 90 年代发表文章反对俄国马克思主义者,鼓吹同沙皇政府和解。主要著作有《俄国资本主义的命运》(1882)、《俄国手工工业概述》(1886)、《农民经济中的进步潮流》(1892)、《我们的方针》(1893)、《理论经济学概论》(1895)。——29、111、121、123—124、131、136、157、178。

## X

谢德林——见萨尔蒂科夫-谢德林,米哈伊尔·叶夫格拉福维奇。

## Y

叶尔莫洛夫,阿列克谢·谢尔盖耶维奇(Ермолов, Алексей Сергеевич 1846—1917)——俄国沙皇政府官员。高等学校毕业后一直在国家产业部和财政部任职。1886—1888 年是自由经济学会副会长。写有一些农业问题的著作。1892 年出版《歉收和人民的灾难》一书,为沙皇政府的农业政策辩护。1892 年任副财政大臣。1893 年主持国家产业部,1894—1905 年任农业和国家产业大臣,后为国务会议成员。——143、157。

伊萨耶夫,安德列·阿列克谢耶维奇(Исаев, Андрей Алексеевич 1851 —
1924)——俄国民粹派经济学家和统计学家。1875 年在莫斯科地方自治局
开始科学研究工作。1879 — 1893 年在高等学校任教,1884 年起为教授。
赞许马克思主义,但以资产阶级改良主义精神解释马克思的经济学说,鼓
吹合作制社会主义,认为村社、手工业劳动组合和合作社可以使小经济具
有大经济的优越性,是易于向社会主义过渡的经济形式。著作有《莫斯科
省手工业》(1876—1877)、《政治经济学原理》(1894)、《俄国社会经济的现
在和未来》(1896)等。——83。

尤沙柯夫,谢尔盖·尼古拉耶维奇(Южаков, Сергей Николаевич 1849 —
1910)——俄国政论家和社会学家,自由主义民粹派思想家。1868 年起为
《知识》、《祖国纪事》和《事业》等杂志撰稿。1876—1879 年接近秘密革命
组织。1879—1882 年被流放。1885 — 1889 年任《北方通报》杂志编委,
1894—1898 年任《俄国财富》杂志编委,参加民粹派同马克思主义者的论
战。1898—1909 年任启蒙出版社二十二卷本《大百科全书》主编。提出以
扶持村社和劳动组合为目的的改革方案,认为村社和劳动组合可以成为农
业和手工业生产社会化的基础;在社会学方面是主观唯心主义者,否认阶
级斗争,认为"伦理因素"在社会进步中起主要作用。——3、57、72、74 —
75、78、87、98、105、107、112—113、118、125—126、128、148、157。

责任编辑：孔　欢
装帧设计：汪　莹
版式设计：周方亚
责任校对：马　婕

图书在版编目（CIP）数据

什么是"人民之友"以及他们如何攻击社会民主党人？／列宁著；中共中央马克思恩格
　斯列宁斯大林著作编译局编译. —北京：人民出版社，2016.12
（马列主义经典作家文库）
ISBN 978-7-01-016653-7

Ⅰ.①什…　Ⅱ.①列…②中…　Ⅲ.①马列著作-马克思主义　Ⅳ.①A221.1

中国版本图书馆 CIP 数据核字（2016）第 210285 号

书　　　名　什么是"人民之友"以及他们如何攻击社会民主党人？
　　　　　　SHENME SHI RENMIN ZHI YOU YIJI TAMEN
　　　　　　RUHE GONGJI SHEHUIMINZHUDANG REN
编 译 者　中共中央马克思恩格斯列宁斯大林著作编译局
出版发行　人民出版社
　　　　　　（北京市东城区隆福寺街 99 号　邮编 100706）
邮购电话　（010）65250042　65289539
经　　销　新华书店
印　　刷　北京新华印刷有限公司
版　　次　2016 年 12 月第 1 版　2016 年 12 月北京第 1 次印刷
开　　本　635 毫米×927 毫米 1/16
印　　张　15.5
插　　页　2
字　　数　183 千字
印　　数　00,001-10,000 册
书　　号　ISBN 978-7-01-016653-7
定　　价　38.00 元